M. J. Ryan

A aventura de viver seus Sonhos

SEXTANTE

tradução
Valéria Delgado

preparo de originais
Regina da Veiga Pereira

revisão
Ana Julia Cury, Caravelas Prod. Editoriais e Tereza da Rocha

projeto gráfico e diagramação
Valéria Teixeira

Capa
Raul Fernandes

impressão e acabamento
Yangraf Gráfica e Editora Ltda.

CIP-BRASIL. CATALOGAÇÃO-NA-FONTE
SINDICATO NACIONAL DOS EDITORES DE LIVROS, RJ

R124a Ryan, M. J. (Mary Jane), 1952-
A aventura de viver seus sonhos / M. J. Ryan [tradução de Valéria Delgado]. Rio de Janeiro: Sextante, 2010.
192p.

Tradução de: This year I will...
ISBN 978-85-7542-618-0

1. Mudança de hábitos. 2. Comportamento – Modificação. I. Título.

10-4593 CDD 158.1
CDU 159.947

GMT Editores Ltda.
Rua Voluntários da Pátria, 45 – Gr. 1.404 – Botafogo
22270-000 – Rio de Janeiro – RJ
Tel.: (21) 2286-9944 – Fax: (21) 2286-9244
E-mail: atendimento@esextante.com.br
www.sextante.com.br

Sumário

A AVENTURA DE VIVER SEUS SONHOS

✦

Somos aquilo que fazemos repetidas vezes. Portanto,
a excelência não é um ato, mas um hábito.

– ARISTÓTELES

"Este ano vou parar de me preocupar tanto."
"Vou ficar em forma de uma vez por todas."
"Vou parar de gastar além do que posso."
"Vou me dar melhor com minha família."
"Vou começar aquele negócio com que sempre sonhei."
"Vou começar a fazer um trabalho voluntário."
"Finalmente vou aprender espanhol."

Quantos de nós já tomamos uma decisão parecida com uma dessas? Alguns querem emagrecer, tornar-se mais organizados, ou deixar de fumar. Outros desejam encontrar um sentido para a vida, equilibrar trabalho e vida pessoal, ter coragem para deixar uma carreira insatisfatória e recomeçar. Escolhemos datas significativas para tomar essas resoluções. Mas vem o dia a dia, o entusiasmo diminui, os hábitos voltam a instalar-se e acabamos desisitindo. Continuamos a ter os mesmos desejos e nos sentimos frustrados por não conseguir colocá-los em prática, mas simplesmente não sabemos o que fazer para mudar.

Entregamos os pontos e nos acomodamos em situações insatisfatórias.

No entanto, acredito firmemente que todos somos capazes de operar mudanças profundas e permanentes em nossas vidas. Este é o princípio fundamental de todos os livros que escrevi e de todo o trabalho que faço com meus clientes: levá-los a ter consciência de que *podemos deixar de fazer as coisas que nos impedem de avançar ou nos levam a sofrer, e criar uma vida repleta de sentido, paz e felicidade*. Podemos realizar um sonho ou construir algo novo. Grandes ou pequenas, audaciosas ou humildes, as coisas que desejamos estão ao nosso alcance.

Mas quem já tentou mudar um hábito ou fazer algo novo sabe que não é fácil. Nosso cérebro cria fortes tendências de repetir as mesmas coisas várias vezes. Dizemos que vamos mudar, talvez até mudemos por pouco tempo, mas logo estamos de volta aos velhos hábitos.

Para criar um novo comportamento é preciso *trabalhar*. Nosso cérebro tem uma enorme capacidade de criar novas células e caminhos. Mas é preciso adquirir preparação mental e muita prática se nosso objetivo é criar um caminho para novas opções (o que leva de seis a nove meses, segundo cientistas que estudam o cérebro – e não os sete dias dos programas milagrosos).

A mudança exige esforço, energia, determinação e imensa vontade de criar intencionalmente algo que desejamos. Exige recomeçar quando fracassamos, desanimamos e ficamos tentados a desistir. Um conhecido que estava começando seu próprio negócio na internet me disse: "Durante toda a vida tive medo de parecer um imbecil. Não faltam pessoas para me afirmar que minha iniciativa nunca dará certo. Foi preciso resistir muito para acreditar em mim mesmo e seguir em frente." Quando você persiste em ir na direção daquilo que deseja em sua vida, é possível que se veja em situações igualmente desafiadoras.

Para completar, é importante saber que o que funciona para

uma pessoa não se aplica necessariamente a outra. Por isso os conselhos que você vê em revistas, livros e na internet podem não servir para você. No entanto, a boa notícia é que, quando você descobre sua fórmula particular para o sucesso, quando se torna capaz de cultivar novos recursos interiores e exteriores de ordem emocional, mental e espiritual, você pode aplicá-los a qualquer coisa que queira fazer por si mesmo.

Você ainda espera que uma fada madrinha apareça para realizar seus sonhos? Acha que, se ler um número suficiente de artigos da revista *Boa Forma*, aquelas coxas gordas e flácidas vão desaparecer? Você não é a única pessoa a agir assim.

Veja o que um de meus clientes disse que queria aprender em três meses: "Ser menos detalhista e medroso; ser mais otimista, mais responsável e empático; ser mais criativo; ser mais produtivo; levar uma vida mais saudável e cuidar melhor de mim mesmo." "Que tal contribuir para a paz mundial?", perguntei, rindo. "E o que significa 'mais'? Mesmo que seja possível concentrar-se em todos esses objetivos nesse curto espaço de tempo, como saberá se conseguiu alcançar algum deles?"

Assim como esse cliente, muitos de nós esperamos mudar da noite para o dia. Quando isso não acontece, nos conformamos em continuar do mesmo modo, convencidos de que somos incorrigíveis, fracos ou de que não temos jeito mesmo. Como disse uma cliente ansiosa para perder peso: "Quando como o primeiro biscoito, acho que posso acabar com o pacote todo."

Cientistas sociais dizem que quando mudamos um hábito ou vamos atrás de um sonho, passamos por cinco estágios: pré-contemplação, quando nem sabemos que precisamos ou desejamos mudar; contemplação, quando dizemos para nós mesmos: "Um dia vou fazer isso"; preparação, quando estamos nos preparando para fazer o que queremos "logo"; ação, quando colocamos nosso desejo em prática; e manutenção, que consiste em prosseguir até chegar ao lugar desejado e permanecer ali.

Organizei o livro em torno desses estágios, começando com a preparação que fazemos para mudar. Estou partindo do pressuposto de que você deseja operar alguma mudança em sua vida. Caso contrário, não teria comprado este livro. Quero que ele seja um parceiro eficaz na realização do seu desejo. Talvez você tenha medo de desisitir, de não ter forças para prosseguir, ou mesmo de não saber como efetuar a mudança. Em qualquer desses casos, quero ajudar você a aumentar suas chances de sucesso.

Pesquisas mostram que dentre os 45% das pessoas que tomam decisões no dia de ano-novo, somente 8% conseguem cumpri-las. Com as informações e sugestões que dou neste livro, sei que você conseguirá fazer aumentar esse percentual. Baseei-me em áreas como psicologia, religião e filosofia e acrescentei minha experiência com clientes, para dar-lhe o melhor conselho sobre o que realmente funciona para você ir do ponto A ao ponto B, seja qual for o seu problema.

Nos últimos 15 anos, como escritora e terapeuta, como mãe e filha, irmã, amiga e esposa, tenho me dedicado a entender como e por que as pessoas mudam. Observando atentamente meus próprios comportamentos, procurei descobrir o que fiz para desenvolver novos hábitos da mente e do corpo em mim mesma. Onde e quando meto os pés pelas mãos? Por que algumas pessoas com quem converso dão saltos importantes enquanto outras continuam estagnadas? Meu modo de pensar sobre essa questão foi reforçado recentemente quando li que 90% dos pacientes cardíacos não aderem às mudanças que precisam fazer no seu estilo de vida para viver mais e ter uma vida mais saudável. Mesmo diante da escolha dramática entre mudar e morrer, eles não conseguem fazê-las. Não acredito que *queiram* morrer. Eles simplesmente não sabem como optar pela vida.

Também me senti estimulada pela quantidade de maus conselhos que tenho visto por aí. Enquanto escrevo, estou olhando para a capa de uma revista feminina. É a edição de 28 de novembro, e o título alardeia: VOCÊ, 20 QUILOS MAIS MAGRA ATÉ O NATAL! Desculpe, mas seja lá quem for "você", não vai estar 20 quilos mais magra em 28 dias, usando a dieta proposta pela revista. Um conselho "irresponsável" como esse provoca um grande estrago. Ao criar expectativas irrealistas, ele aumenta a probabilidade de desistirmos antes de chegar aonde desejamos.

O que passei a entender é que existem três elementos necessários para se fazer qualquer mudança, seja ela mental, emocional ou física: vontade, intenção e persistência. Cada uma das ideias deste livro aborda um desses três elementos. Você aprenderá a identificar o que realmente deseja; criará metas específicas, mensuráveis e atingíveis nas quais irá concentrar sua intenção; evitará armadilhas comuns que enfraquecem sua vontade e intenção e persistirá diante de problemas inevitáveis.

Você verá que não se trata de livrar-se de maus hábitos, mas de formar hábitos novos, mais positivos. E descobrirá que, por causa da estrutura de nosso cérebro, a coisa mais formidável que você pode fazer é envolver seu cérebro emocional de um modo que isso seja fácil, divertido, novo e diferente.

Aqui você não encontrará nenhum conselho comum, como o de se recompensar ao longo do processo. O importante é descobrir o que ajuda *você* a manter o entusiasmo. E insisto no *você* porque para cada pessoa é totalmente diferente das outras. Como digo em todos os meus livros, use o que funciona para você e esqueça o resto.

Este não é um livro comum que você lê do começo ao fim e depois coloca de lado. Deve ser lido aos poucos, dependendo do que você *faz*. Por exemplo, depois de ler a seção "Preparando-se para mudar", você escolhe algo específico para trabalhar durante o resto do livro. Isso significa passar pela seção "Entrando em ação" e testar as ideias. Ou voltar à seção "Continuando", quando você se vir estagnado e precisar começar de novo.

Gosto especialmente de *A aventura de viver seus sonhos* porque, como meus outros livros, ele responde a uma necessidade humana muito essencial: cultivar novos hábitos. Quando possuímos essa ferramenta inestimável em nosso arsenal, quando sabemos que podemos de fato criar as coisas que queremos por meio de nossos próprios esforços, o mundo se abre para nós de várias formas diferentes. Passamos a ter um poder de decisão que traz maior satisfação e realização em nossas vidas. Nós nos tornamos mestres de nosso destino, e não vítimas de velhas escolhas.

Você conhecerá a história de John, por exemplo, um de meus clientes que nunca conseguira seguir uma dieta e perdeu quase 14 quilos em quatro meses. Seu segredo? Em vez de ver a necessidade de cortar frituras (seu maior inimigo) como uma perda dolorosa, ele a vê como uma escolha para se sentir bem com ele mesmo, física e emocionalmente. John está incorporando um dos princípios da mudança: "Lembre-se do que realmente irá deixá-lo feliz."

Você também conhecerá Clea, que tentava havia anos escrever sua história de vida e finalmente está conseguindo. Lerá a história de dezenas de outras pessoas que ficaram mais organizadas, perderam peso, deixaram de fumar, encontraram um trabalho significativo ou desenvolveram um equilíbrio maior entre trabalho e vida pessoal, para citar apenas algumas mudanças. Espero sinceramente que a história dessas pessoas inspire você a tomar as medidas necessárias para obter aquilo que deseja nessa única vida preciosa que tem.

AS DEZ PRINCIPAIS ARMADILHAS DA DECISÃO

1. Não ter muita noção do que você deseja.
2. Não assumir um compromisso sério.
3. Adiar e dar desculpas – não tenho tempo, ainda não chegou a hora certa, assim que voltar de viagem...

4. Não se dispor a passar pela fase difícil.
5. Não estabelecer um sistema de acompanhamento e de lembretes.
6. Esperar a perfeição, entregar-se à culpa, à vergonha, ou ao arrependimento.
7. Tentar fazer as coisas sozinho.
8. Contar para si mesmo histórias que o limitam.
9. Não ter planos de apoio.
10. Transformar erros em motivos para desistir.

Não se desespere. Se você ler e seguir as sugestões deste livro, poderá driblar essas zonas de perigo e ter sucesso.

ESTE É O CHAMADO DE SUA VIDA

Temos só este momento, cintilando como uma estrela
em nossas mãos... e se dissolvendo como um floco de neve.
Vamos usá-lo antes que seja muito tarde.
– MARIE BEYNON

Um pedreiro decidiu mudar de profissão. Tinha dois filhos e sua esposa estava grávida de gêmeos. Necessitavam de uma casa maior, e ele precisava de um emprego que rendesse mais. Procurou o chefe para explicar a situação. O chefe não queria deixá-lo ir embora, pois ele era um excelente profissional. Mas o homem estava decidido. Por fim, o chefe perguntou se ele poderia construir só mais uma casa. O pedreiro concordou. E construiu a casa. Mas, preocupado e perturbado com sua família e seu próprio futuro, foi displicente. Trabalhou de forma automática e a casa não ficou de acordo com seus padrões de qualidade.

Quando a casa ficou pronta, o chefe chamou o funcionário para juntos inspecionarem o serviço. Ao chegarem, o chefe lhe entregou a chave. "Este é meu presente para você por todo o trabalho de qualidade que fez ao longo dos anos." O pedreiro ficou frustrado. Se soubesse que a casa seria sua, teria caprichado bem mais.

Em muitos sentidos, todos tocamos nossa vida como esse pedreiro construindo sua última casa – de forma automática. Vamos fazendo as coisas sem prestar muita atenção e acabamos levando uma vida medíocre.

Segundo os cientistas, passamos 90% do nosso cotidiano de forma rotineira. Certos hábitos têm suas vantagens. Não precisamos pensar em *como* escovar os dentes, amarrar o cadarço dos sapatos, fazer uma torrada ou dirigir um carro. Aprendemos essas coisas ao praticá-las o suficiente para que os caminhos em nosso cérebro repitam a sequência sem "pensarmos" nelas, o que deixa o cérebro livre para fazer algo mais interessante e útil. Pelo menos na teoria.

Mas os hábitos também podem ser nocivos. Dependendo de quais sejam, podem tornar-se prisões de sofrimento: hábitos de pensamentos negativos, de comportamentos autodestrutivos, de padrões de inércia difíceis de superar. Ao praticarmos várias vezes essas coisas, elas também se tornam automáticas. E acabamos vivendo na má qualidade de vida que nós mesmos construímos.

Estou na cozinha, em frente à porta da geladeira aberta, com um pedaço de queijo na mão. Como vim parar aqui? Percebo de repente que minhas unhas das mãos estão roídas até o sabugo. Como foi que isso aconteceu? A tendência de continuar a fazer o que já fizemos várias vezes é muito forte, porque os neurônios em nosso cérebro estão conectados uns aos outros. Isso significa que, em geral, eles repetem a mesma sequência, queiramos ou não. Adoro esta citação de Edith Wharton, que descreve essa armadilha com perfeição: "O hábito é necessário; é o hábito de ter hábitos, de transformar um caminho em rotina que devemos combater incessantemente se quisermos continuar vivos."

Essa tendência do cérebro de se habituar nos faz passar grande parte da vida como sonâmbulos. É por isso que, quando queremos criar novos hábitos ou mudar os antigos, nosso aliado mais importante é a atenção aos nossos comportamentos. Temos de tomar consciência do que estamos ou não estamos fazendo. Ao longo deste livro, haverá muitas sugestões sobre como despertar e continuar assim. Mas o primeiro passo fundamental é ver sua vida como a oportunidade preciosa de tempo limitado que ela realmente é. Usando o exemplo do pedreiro, você pode transformá-la em uma linda mansão. Veja o que diz o autor Philip Adams: "As pessoas são capazes de fazer coisas extraordinárias se tiverem confiança ou assumirem os riscos. Contudo, a maioria não as faz. Elas se sentam na frente da televisão e levam a vida como se ela fosse durar para sempre."

Tenho um cliente na casa dos 40 que no ano passado enfrentou uma doença séria que o deixou incapacitado durante meses. Ele me procurou recentemente porque, como ele diz: "Adoecer me fez perceber que eu estava levando a vida como um sonâmbulo. Sinto como se estivesse acordando pela primeira vez e não quero voltar ao estado de sonolência."

Para Jessica Yadegaran, o sinal de alerta veio na forma de um grande aniversário. Alguns meses antes de completar 30 anos, essa repórter decidiu compilar uma lista de 30 coisas que queria fazer antes do grande dia, para escrevê-las no jornal. Sua lista ia desde aprender a interpretar as tabelas de pontos do beisebol e trocar o óleo do carro até desenvolver a capacidade de expressar mais gratidão e convidar um homem para sair (ela ainda está trabalhando nesse último item!). A resposta dos leitores à sua aventura de aprendizado foi fantástica. Pessoas de lugares tão distantes como a Austrália escreveram dizendo que ela lhes inspirara a criar sua própria lista. "O que me deixa um pouco triste", ela diz, "é ter precisado chegar aos 30 anos para decidir fazer uma mudança." Pois eu retruco: "Que leve o tempo que for preciso!"

O sinal de alerta pode aparecer de várias formas: ser demitido; seu médico dizer que você está obeso; uma data importante em sua vida; declarar a falência da empresa; ler uma história inspiradora sobre como alguém começou um novo empreendimento. Independentemente de como e onde seu sinal de alerta apareça, considere-o uma bênção. Nossas vidas são finitas. Elas acabarão e nenhum de nós sabe quando. Você quer morrer no estado em que está? Com sonhos não realizados? Com hábitos negativos que o impedem de avançar?

Há um canto zen que diz:

A vida é passageira.
Passa, passa –
Despertem.
Despertem todos!
Não desperdicem esta vida!

Sempre que criamos algo positivo em nós mesmos, crescemos como seres humanos. Ao mudar um hábito ou cultivar um sonho, estamos desenvolvendo nossa alma, pois o processo de transformação nos ensina a ter paciência, humor, determinação, gratidão, tenacidade e compaixão. Essas qualidades preciosas da alma, por si sós, já valem o esforço.

Tenha certeza: você é capaz de realizar o que se propôs a fazer. Como nos lembra Christopher Reeve, o Super-homem que ficou tetraplégico e lutou até o fim: "Tantos de nossos sonhos, a princípio, parecem impossíveis, depois parecem improváveis e, então, quando nos engajamos em realizá-los, logo se tornam inevitáveis." Em uma de suas últimas entrevistas, ele nos exortou a "seguir em frente". Que o exemplo de vida desse homem extraordinário inspire você a começar esta jornada rumo ao desejo de seu coração.

PREPARANDO-SE PARA MUDAR

✦

No momento em que nos comprometemos definitivamente, a Providência também se move.

– GOETHE

Um dia, você decide que chegou a hora – você vai conseguir um emprego novo maravilhoso, perder 10 quilos, conviver mais com seus filhos, livrar-se das dívidas, aprender a ser mais positivo. Por alguma razão, você decidiu ir em busca do seu desejo. Parabéns! Você está no início de uma aventura que o levará a conhecer-se melhor e ser mais dono da sua vida.

Antes de começar com grande entusiasmo – frequentar uma academia cara, comer só folhas verdes, distribuir seu currículo na internet –, reserve um tempo para se preparar. Por quê? Como diz Naomi Judd, "a preparação prévia evita o desempenho fraco".

Esse primeiro passo que muitas pessoas ignoram é fundamental. Mas você aumentará consideravelmente suas chances de sucesso se investir tempo suficiente para deixar clara a sua motivação, entender por que tem feito o que está fazendo agora e aprender um pouco sobre o que estimula e sustenta a verdadeira transformação.

Você realmente tem de querer essa mudança

Uma coisa está clara para mim... Você não consegue fazer tudo o que gostaria... Deve se ater a algumas coisas e abdicar de outras. Aprender a fazer essa escolha é uma das grandes lições desta vida.

– REALLIVEPREACHER.COM

Há muitos anos li algo sobre a melhor maneira cientificamente provada de lavar roupas. Você deve, primeiro, encher a máquina de água, para depois colocar o sabão em pó e as roupas. Ao me dar conta de que fazia o contrário havia quase 50 anos, decidi mudar para a maneira correta. Apesar disso, passados seis anos, *nunca* lavei roupa "corretamente". Nem uma única vez! Eu sempre me lembro disso depois de ter enchido a máquina de roupas e colocado o sabão em pó. Aí já é tarde demais!

Essa minha experiência revela algumas coisas – primeiro, como é difícil mudar um hábito, mesmo que seja pequeno. Se eu realmente quisesse mudar meu modo de lavar roupa, precisaria colocar lembretes na máquina de lavar. Quando eu me pegasse lavando a roupa do modo antigo, pararia, tiraria as roupas da máquina, e a encheria de água. Pediria ao meu marido que me lembrasse quando ele me visse indo para a lavanderia. Tenho certeza de que se eu agisse assim várias vezes, essa passaria a ser minha nova rotina. Mas, para ser franca, isso não me incomoda a ponto de justificar o esforço.

Esse é o ponto fundamental aqui – *como a motivação é importante*. Já que a mudança requer quase sempre muito trabalho e sacrifício, você realmente precisa *querer* criar algo – de um modo profundo, verdadeiro, honesto. Do contrário, é muito fácil voltar à velha rotina.

Eis o problema de tantas decisões tomadas no ano-novo ou no aniversário. No calor dessas datas, fazemos todos os tipos de promessas para nós mesmos – vou ser mais amável, passar mais tempo com meus amigos, fazer ioga todos os dias, começar a estudar violino – que realmente não nos preocupamos em cumprir de fato! Então nos recriminamos pela falta de disciplina quando não conseguimos mantê-las.

Quando atendo pessoas que dizem que querem fazer algo – encontrar um parceiro, mudar de emprego, ser mais agradecidas, ser voluntárias em sua comunidade – e não conseguem, eu lhes digo que aquilo que desejam não passou no teste do "eu quero mesmo fazer isso". Se você *realmente* tem vontade de fazer uma coisa, você persistirá, apesar dos problemas, das interrupções e das distrações. Não importa por quanto tempo você se desviou do objetivo; no final, você voltará – se realmente quiser o que diz querer. Pode não ser nada fácil, mas você vai conseguir.

Joan Borysenko nos fala de sua decisão de perder quase 5 quilos em três meses, coisa que ela só conseguiu quando mergulhou o mais fundo em si mesma e foi dominada por este pensamento: "Cuidarei do meu corpo para sentir o prazer de estar em forma e ter uma vida plena quando ficar mais velha." Isso foi algo que ela realmente valorizou – e se esforçou para alcançar!

Qual é o desejo que de fato o motiva a fazer o esforço necessário? É claro que seria maravilhoso ter mais paciência com os filhos, deixar de comer frituras, encontrar um emprego novo ou livrar-se das dívidas. Mas será que isso é o mais importante? O que justifica sacrificar tempo e energia?

VENDO COM CLAREZA O QUE VOCÊ REALMENTE QUER

Você não tem certeza do que realmente deseja mudar? Aqui está uma ótima prática de Dawna Markova, autora de *The Smart Parenting Revolution*:

1. Escreva todos os objetivos que, na sua opinião, você gostaria de alcançar nos próximos 20 anos. Escreva o mais rápido possível.
2. Em seguida, escreva o número de anos que você deseja levar para alcançá-los (um, cinco, dez ou vinte).
3. Faça um círculo em torno dos quatro principais objetivos que você mais deseja atingir em um ano.
4. Escreva algumas coisas que você não deseja fazer, mas que talvez sejam necessárias para que esses objetivos se cumpram.
5. Escolha o objetivo pelo qual você está disposto a se esforçar mais.

Que necessidade está sendo suprida pelo que você está fazendo agora?

Tudo o que as pessoas dizem ou fazem está, no fim das contas, arraigado na crença de que essas ações irão levá-las à felicidade.

– TARO GOLD

Ellen estava conversando comigo sobre sua vontade de parar de beber desenfreadamente. Pedi-lhe que prestasse atenção no que acontecia pouco antes de ficar bêbada. Mesmo não sendo uma forma eficaz de lidar com o problema, beber era seu modo de suprir alguma necessidade. Eu queria que ela examinasse qual poderia ser para que pudéssemos encontrar outras estratégias mais positivas. Um dia, Ellen me telefonou, empolgada: "Descobri. Bebo quando minha vida parece insuportável ou quando tenho dificuldade de expressar meus sentimentos. Beber me permite esquecer minhas responsabilidades. Também me faz soltar a língua para dizer o que sinto."

"De que outra forma você poderia suprir essas necessidades?", perguntei. Como ela não sabia, dei algumas sugestões: "Que tal parar, pegar seu diário e escrever sobre como está se sentindo no momento em que tem vontade de beber? Faça uma lista do que gostaria de ter feito. Se você sentiu vontade de dizer algo a outra pessoa mas não conseguiu, escreva uma carta para ela em seu diário. Mais tarde, você decidirá se deseja enviar a carta, ou se bastou expressar o sentimento para si mesma." Ellen seguiu minhas sugestões. O programa de 12 passos, junto com o apoio de amigos, a tem ajudado a ficar sóbria.

Recentemente, almocei com minha amiga Sue Bender, autora

de *Plain and Simple*. Foi ela quem me fez essa observação fundamental: tudo o que estamos fazendo, seja saudável ou prejudicial à saúde, sempre é a solução para algum problema. Ela acrescentou: "Para mudar, você precisa descobrir qual necessidade seu comportamento atual está satisfazendo. Do contrário, é possível que você *queira* mudar, mas não consiga."

Essa é uma lição profunda. Fazemos algo porque precisamos satisfazer alguma necessidade. Desenvolvemos um hábito específico – de perfeccionismo, negatividade, comer em excesso, fumar maconha, trabalhar muito, gastar demais, fugir dos problemas, seja lá o que for – como a melhor maneira que conhecemos naquele momento para suprir alguma necessidade nossa. Mas, como não temos consciência do que estamos fazendo, *a estratégia que escolhemos para solucionar o problema acaba se tornando um problema ainda maior do que o original*. No final deste capítulo estão alguns exemplos comuns.

Por isso, muitas tentativas de mudança não dão certo: porque ignoramos a necessidade que está sendo suprida. Só podemos fazer uma mudança duradoura se reconhecermos essa necessidade e a resolvermos de alguma outra forma.

Aprendi isso pela primeira vez quando estava tentando controlar minha raiva. A tentativa de não perder o controle funcionava por dias ou semanas. Mas eu acabava tendo um tremendo acesso de raiva, seguido de um terrível sentimento de vergonha e culpa. Então, prometia a mim mesma nunca mais fazer isso, e o círculo vicioso se repetia.

Foi só quando descobri o propósito a que minha raiva servia que comecei a romper o círculo do comportamento destrutivo. Comecei a ver que perdia a calma quando alguma necessidade de que eu nem sequer era consciente não era atendida por meu marido. Então eu manifestava a necessidade inconsciente num ataque de raiva. Minha tarefa não consistia, portanto, em tentar controlar minha raiva, mas em acreditar que eu tinha direito aos meus desejos e que não havia problema em expressá-los. À medida que fui reconhecendo e expressando minhas necessidades, menos irritação sentia, mesmo quando as coisas não saíam do meu jeito.

Nenhum de nós faz o que faz por maldade. Apenas não conhecemos ainda outra forma de lidar com nosso medo, nossa solidão, nossa necessidade de dizer não ou de ficar sozinhos – seja o que for que esteja estimulando nosso comportamento atual.

Qual é a necessidade que você está suprindo com o seu comportamento atual? Quando estiver fazendo algo que deseja mudar mas não consegue, pare um instante e repasse a cena imediatamente em sua mente. Como se estivesse assistindo a um vídeo, veja-se fazendo aquilo que você diz que não quer fazer. Veja-se, por exemplo, comendo um bolo de chocolate inteiro ou sendo agressivo. Diga para sua imagem no vídeo: "Está certo, está certo." Depois, pergunte a si mesmo, num tom de voz curioso: "O que *está* certo nisso?" Continue a murmurar "está certo" de um modo indolente até que o que está errado – a necessidade que está sendo suprida por aquele comportamento destrutivo – fique claro para você.

Por exemplo, quando Tessa, uma mulher viciada em trabalho, perguntou para si mesma o que estava certo em relação ao ritmo que levava, percebeu que se sentia competente, bem-sucedida e valorizada no trabalho. Em casa, porém, ela discutia muito com a filha de 12 anos e se sentia distante do marido. Não é de admirar que preferisse ficar no escritório! Sua necessidade de ver-se como uma profissional bem-sucedida resultava em horas extras para não ter de ir para casa, onde se sentia incompetente. Quando isso ficou claro, percebeu que se sairia melhor em casa se procurasse descobrir como lidar melhor com a filha e como se aproximar do marido. Começou a brincar de jogo de palavras com a filha todos os dias no fim da tarde e ela e o marido decidiram ter aulas de espanhol juntos. Agora ela não precisa mais fazer horas extras, porque está se sentindo mais feliz em casa.

Que necessidade está sendo suprida por aquilo que você está fazendo no momento? A resposta irá ajudá-lo a encontrar formas mais saudáveis de suprir essa necessidade agora.

NECESSIDADE IMPLÍCITA	MECANISMO "PARA LIDAR COM O PROBLEMA"
Ter apoio para descobrir seus talentos	Embriagar-se para não pensar no assunto
Ser amado, acolhido, apreciado	Negatividade, pessimismo para "controlar" expectativas
Ter seus sentimentos aceitos	Comer em excesso como tentativa de se acalmar
Ser reconhecido como alguém que tem valor	Trabalhar em excesso para provar que tem valor
Perdoar-se	Tornar-se perfeccionista para tentar evitar erros
Evitar castigo ou desaprovação	Concentrar-se somente nas necessidades dos outros e não cuidar de si mesmo
Descanso e rejuvenescimento	Consumir bebidas alcoólicas em excesso, "compensando-se" com doces e frituras
Solidão e contemplação	Provocar brigas para acabar sozinho
Estabilidade em meio ao caos	Preocupar-se continuamente para se sentir no controle da situação
Um sentido na vida	Gastar em excesso buscando encontrar sentido em coisas materiais

Tenha seus três cérebros do seu lado

Todas as ações humanas têm uma ou mais destas sete causas: acaso, natureza, compulsões, hábito, razão, paixão, desejo.

– ARISTÓTELES

"Como você sabe, quando perco a calma com meus filhos, tento me afastar para esfriar a cabeça", contou-me Cindi ao telefone. "Recentemente, reparei que, no momento em que perco a calma, minha cabeça pensa: 'Afaste-se', mas, quando vejo, minha boca já está dizendo os maiores impropérios."

Você alguma vez já se viu como Cindi, pensando uma coisa e fazendo exatamente o contrário? Como, por exemplo: "Eu não deveria ter comido outro bombom" e, logo em seguida, devorar mais outro? Ou dizer para si mesmo: "Eu preciso trabalhar no meu projeto" e, imediatamente, ligar a televisão? Fique tranquilo, isso não acontece só com você. Todos nós somos um poço de contradições, principalmente em se tratando das coisas que pensamos que "deveríamos" fazer. Sabe aquelas coisas que você fica pensando em fazer mas que, de algum modo, nunca faz? O que significa tudo isso?

O neurologista Paul MacLean diz que isso acontece porque dentro da nossa cabeça existem três cérebros, e não um só. Cada um corresponde a um diferente estágio de evolução, e embora estejam conectados uns aos outros, cada cérebro age de forma independente e, muitas vezes, em desacordo com os outros. O mais velho é a parte instintiva de nós mesmos, responsável por nossa respiração, nossos batimentos cardíacos e todas as funções do corpo que estão fora de nosso controle consciente. Ele simplesmente repete os comportamentos várias vezes, mas nunca se adapta, nunca aprende. Seu objetivo é preservar nossa vida a qualquer preço.

O segundo cérebro é o sistema límbico, que temos em comum com outros mamíferos. Esse é o nosso cérebro emocional, que está ligado aos sentimentos, instintos, alimentação, luta e comportamento sexual. É nele que decidimos se algo é bom ou não. O cérebro emocional não é muito esperto. Ele entende coisas do tipo "agradável" ou "doloroso" e "seguro" ou "perigoso", padrões em que fomos criados quando éramos muito jovens. Impele-nos em direção ao prazer e nos afasta da dor. Quando pressente o perigo, envia ao corpo uma resposta de "luta ou fuga". Nossos músculos enrijecem, nossos vasos sanguíneos se contraem e nosso corpo é inundado de hormônios de estresse enquanto nos preparamos para lutar, ficar paralisados ou correr como loucos. Nas mulheres, ele libera outro hormônio, a oxitocina, que dá uma opção alternativa: cuidar dos filhos e/ou ajudar outras mulheres.

O terceiro é o cérebro pensante que distingue os seres humanos dos animais. Esta é a parte do cérebro capaz de raciocinar. É onde se encontram a abstração, como também as capacidades espaciais, artísticas, verbais e musicais.

Então, o que isso tem a ver com manter uma decisão ou realizar um sonho? Tudo. É no cérebro pensante que chegamos à conclusão de que queremos fazer alguma coisa diferente. Mas, dependendo do que seja, da forma como é apresentada e do que fizemos no passado, é possível que nosso cérebro emocional não coopere. Você se lembra do que ele está procurando? Prazer e segurança. É por isso que tantas vezes nos "sabotamos" – nosso cérebro emocional ignora a decisão de nosso cérebro pensante em favor do prazer imediato ou da sensação de segurança.

Se você quer mesmo cumprir suas decisões, essas informações são indispensáveis. Você precisa ter as emoções como suas aliadas. Mudamos não porque isso faz sentido na perspectiva de nossos pensamentos ("Eu deveria ir à academia"), mas porque é algo que envolve nossos *sentimentos* ("Vai ser ótimo ficar mais magro"). *Se a mudança parece ser muito assustadora, muito difícil ou desinteressante, seu cérebro emocional vai trabalhar contra ela.* Por isso, você deve procurar algo que lhe pareça fácil, divertido, novo e diferente! Acredite no que estou dizendo! É fruto de experiência pessoal!

Vamos com calma. Não se afobe, nem se assuste com minhas sugestões. Por enquanto, pergunte a si mesmo: qual seria o novo hábito que me traria algo fácil, divertido, novo e diferente? O que poderia ser maravilhoso se você conseguisse equilibrar melhor trabalho e lazer? (Mais tempo com os amigos? Poder ler aqueles romances que o esperam ao lado de sua cama?) Ou se pudesse liquidar sua dívida no cartão de crédito? (Mais paz de espírito? Maior liberdade?) Encontrar um cônjuge maravilhoso? (Sentir-se ligado amorosamente a alguém? Ter uma pessoa com quem aproveitar a vida?)

Pense um pouco na pergunta. Brinque com ela. Seu cérebro pensante gosta de brincar, remoer uma pergunta para a qual não há uma resposta imediata. Deixe que o poder de seu pensamento criativo (que se encontra no lado direito do cérebro) aflore nos próximos dias. Quanto mais você considerar divertido e agradável o que deseja, mais seu cérebro emocional cooperará.

VOCÊ PODE AJUDAR SEU CÉREBRO A CRIAR NOVOS CAMINHOS

Nossos hábitos atuais são como ajustes predefinidos em nosso cérebro – fazemos a mesma sequência tantas vezes que as conexões se queimam automaticamente. Os neurologistas agora afirmam que é possível usar essa capacidade em prol da mudança desejada. É realmente simples. Durante alguns minutos por dia, visualize nitidamente o circuito para o novo comportamento se desenvolvendo, de fato, em seu cérebro. Imagine novas pontes sendo construídas para tornar mais fácil para você, por exemplo, ser otimista, comer saudavelmente ou levar a vida sem excesso de preocupação. Essa visualização usa a capacidade que a mente tem de criar fisiologicamente as imagens nas quais nos concentramos. Você pode, de fato, criar novos circuitos ao pensar intensamente neles sendo formados.

A ambivalência é normal

Você não precisa se empenhar 100%; 51% já são suficientes.

– ANTHONY M. GRANT E JANE GREENE

"Uma parte de mim não quer deixar meu emprego confortável na empresa", revelou um amigo que, um ano atrás, vinha conversando comigo sobre sua vontade de realizar seu sonho de começar o próprio negócio. "A empresa paga minhas férias, meu plano de aposentadoria e meu plano de saúde. Será que vou fazer a coisa certa deixando tudo isso para trás?"

Sophie, aproximando-se dos 50 anos, me procurou porque desejava ter um relacionamento duradouro. Já tivera muitos namorados, mas, ao primeiro sinal de qualquer coisa que não representasse total dedicação, ela terminava o namoro antes que eles pudessem rejeitá-la. Como tinha conhecido um "homem perfeito", quis agir de forma diferente. No entanto, ao primeiro sinal de rejeição – ele não respondeu imediatamente a um e-mail afetuoso –, ela voltou a ter vontade de dispensá-lo. Quando sugeri que esperasse mais um pouco, ela exclamou: "Talvez essa história de mudança não seja uma boa ideia."

Anthony M. Grant é orientador/psicólogo e autor de *It's Your Life, What are You Going to Do with It?*. No livro, ele apresenta um ponto de vista muito importante sobre mudança: "O estado mais resistente em que nos encontramos no início do processo de mudança é a *ambivalência*. Queremos e não queremos mudar. Queremos ficar em forma e queremos comer frituras. Queremos terminar um relacionamento e queremos nos acomodar [...]. Isso é perfeitamente normal; na verdade, quase inevitável. Não sabemos como será o novo comportamento."

Somos ambivalentes no início do processo porque nunca estivemos no lugar para onde estamos seguindo, e não podemos saber como será quando chegarmos lá. Ficaremos realmente mais felizes em um novo relacionamento? Organizar-se vai de fato facilitar a vida? E, depois, é preciso trabalhar muito para realizar nosso sonho. Uma coisa é dizer que queremos perder 40 quilos; outra é suar a camisa para conseguir isso. Pode exigir sacrifício – equilibrar melhor trabalho e vida pessoal pode significar abrir mão da casa luxuosa por outra mais viável, ou esquecer férias e fins de semana para começar um negócio novo. Ou talvez tenhamos de enfrentar coisas que nos assustam, como colocar nosso coração em risco ou chamar atenção por estarmos mais magros.

Além disso, escolher algo sempre significa abrir mão de outra coisa. É natural nos sentirmos arrependidos, achando que teria sido preferível tomar outro caminho. Como diz uma citação que li certa vez: "Julgue seu sucesso por aquilo que você teve de renunciar para consegui-lo."

A questão da ambivalência apresentada por Grant é muito importante para entendermos por que muitos a consideram um sinal de que não devem seguir em frente. Não há dúvida de que é necessário observar de forma realista que tipo de esforço sua decisão exigirá e descobrir se você realmente está disposto a tomá-la. Mas não supervalorize os sussurros irritantes que sugerem que você permaneça na posição cômoda em que as coisas estão agora. Lembre-se de que seu cérebro emocional gosta do que é fácil. Como diz Grant, você não precisa se empenhar 100%, apenas 51%. Quando desafiei Sophie a avaliar o que era mais forte, o desejo de correr ou o desejo de ficar, ela declarou: "É difícil e assustador, mas quero me dar uma chance."

Então, se a ambivalência é normal, o que podemos fazer para superar essa parte mais difícil e entrar em ação? Primeiro, reconheça que não há problema algum em se sentir ambivalente. Grant afirma que a ambivalência costuma ser mais forte antes do início do processo de mudança, mas tende a diminuir à medida que você começa a ver os benefícios do que está realizando. No entanto, você pode se sentir um pouco arrependido, ou lastimar o que perdeu. Ele cita um ex-fumante, agora em ótima forma física, que, quando perguntado como estava se sentindo depois de alguns anos, queixou-se de forma irônica: "Bom, tenho de admitir que a minha qualidade de vida definitivamente diminuiu." Lembre-se: não há problema algum em ficar triste pelo que você renunciou. Todas as decisões têm um preço.

Segundo, anime-se com esta notícia: quando você faz algo novo e desafiador, seu cérebro o recompensa liberando em sua corrente sanguínea um hormônio responsável pela sensação de bem-estar, chamado dopamina. E se o desafio envolve assumir algum tipo de risco, como realizar algo em público ou dizer o que você pensa, haverá também um aumento de adrenalina, outra substância química responsável pelo bem-estar. Pode ter certeza: assim que você entrar em ação, vai se sentir melhor, o que fará a ambivalência diminuir.

Terceiro, leia o próximo capítulo, "Qual é o preço por não mudar?", e coloque minhas sugestões em prática. Quanto mais você se der conta do preço que paga por continuar no mesmo lugar, mais estimulado se sentirá para superar a ambivalência. Quanto mais envolver seus sentimentos na vontade de mudar, mais fácil será entrar em ação.

Por falar nisso, já faz sete meses que Sophie teve aquela crise de ambivalência. Ela ainda está namorando o mesmo homem. "Estou completamente apaixonada", disse-me ontem. "Ainda há momentos em que penso em fugir. Mas são cada vez mais raros."

Qual é o preço por não mudar?

Nada pode ser mudado enquanto você não o enfrentar.

– JAMES BALDWIN

Quando penso em pessoas que sabem mudar, lembro imediatamente de minha amiga Barb. Ela aprendeu a comer bem, exercitar-se regularmente, meditar todos os dias e manter um relacionamento maravilhoso de 30 anos com o marido. Recentemente, tem se dedicado a uma prática budista que requer que ela faça mil prostrações de corpo inteiro e entoe cantos. Quando vem me visitar, Barb se ausenta durante horas para cumprir seu propósito. Há pouco tempo estávamos falando sobre como ela conseguiu fazer essas mudanças.

"A motivação veio primeiro", explicou, "depois, a disciplina. Para mim, a motivação sempre surge quando estou terrivelmente bloqueada. Sinto uma dor física ou psicológica tão grande que simplesmente *sou obrigada* a fazer uma mudança, porque o preço de *não* fazê-la é muito alto. Vencer a inércia é de fato muito difícil. Mas, no final, a dor é tanta que tenho de tomar uma atitude. E quando começo a agir o alívio é tamanho, que, por mais difícil que seja, eu me comprometo a continuar."

Enquanto ouvia, percebi que Barb estava falando sobre o que alcoólatras e viciados chamam de chegar ao fundo do poço – quando você percebe que as consequências de não mudar são piores do que qualquer coisa necessária para chegar a uma nova situação. É uma maneira formidável de começar, porque requer que o desejo do cérebro emocional passe da dor para o prazer.

Vivi essa experiência mais de uma vez. O momento que me vem à mente é constrangedor. Em uma discussão com meu marido, quebrei um prato na frente de minha filha de 2 anos. Fiquei horrorizada. Esse não era o tipo de esposa nem de mãe que eu queria ser. Meu relacionamento anterior tinha acabado, em parte, por causa de meu temperamento. Eu recebera uma segunda chance e estava estragando tudo do mesmo jeito!

Nunca mais, jurei para mim mesma naquela noite. E me orgulho de dizer que tenho cumprido minha palavra. Não sem me esforçar. Leio tudo que posso sobre como lidar com a raiva. (O melhor livro? *Aprendendo a lidar com a raiva*, de Thich Nhat Hanh.) Pratiquei todos os tipos de técnicas. O que mais me ajudou foi aprender o que ocorre quando nosso cérebro emocional sente tanto medo que tira o controle de nosso cérebro pensante e nos envia uma resposta de luta ou fuga. Nesse estado, acabamos fazendo ou dizendo coisas de que nos arrependeremos mais tarde. Agora sei me afastar e me acalmar, aconteça o que acontecer. São necessários pelo menos 30 minutos – podendo chegar a 24 horas – para que os hormônios do estresse diminuam e nosso cérebro pensante volte a funcionar normalmente.

Se você ainda não chegou ao fundo do poço, faça uma pergunta difícil para si mesmo: qual é o preço por não mudar? Morrer de um ataque cardíaco? Distanciar-se de sua família? Ganhar 20 quilos? Todas as nossas ações têm consequências muito concretas. Você também pode fazer uma lista dos efeitos negativos que seu comportamento está criando (pressão alta, tédio, vergonha, ódio de si mesmo, exaustão). Tenha coragem de dizer para si mesmo a verdade sobre as consequências atuais e futuras de seu comportamento. Faça isso não para se martirizar, mas para estimular-se a partir para a mudança.

Se você chegou à condição dolorosa de que Barb falou, parabéns! Você sabe que está em um beco sem saída. E, como diz Naomi Judd, um beco sem saída é um bom lugar para dar meia-volta e começar a mudar.

ESCREVENDO UM LIVRO: "NÃO QUERO MORRER COM MINHA HISTÓRIA AINDA DENTRO DE MIM"

"Comecei a escrever a história da minha vida", conta Clea. "Participei de alguns seminários nos quais li trechos dela e tive um retorno muito positivo. Mas, por várias razões, acabei desistindo e me deixando envolver no dia a dia do trabalho. Passaram-se meses sem que eu escrevesse uma só linha. Até que um dia acordei e me dei conta de que estou com 61 anos e de que corria o risco de não terminar meu livro. Percebi então que não quero morrer com minha história ainda dentro de mim. Aquela tomada de consciência gerou uma iniciativa – entrei para um curso de redação, determinei um horário no meu dia para escrever, como se fosse um compromisso com um cliente, e agora concluí o segundo rascunho. Estou confiante de que, em um ano, o livro estará terminado e poderá beneficiar muita gente."

Corra na direção de algo que deseja, em vez de fugir do que não quer

Nosso destino muda com nosso pensamento; nós nos tornaremos o que desejamos nos tornar, faremos o que desejamos fazer quando nosso pensamento habitual corresponder ao nosso desejo.

– ORISON SWETT MARDEN

Uma jovem me telefonou. Tinha lido um livro meu e queria saber se eu poderia ajudá-la a aprender a ter mais calma com ela mesma e com os outros. Fiz-lhe a pergunta que faço para todo futuro cliente: "Por que você quer aprender isso?" Sua resposta foi imediata e clara: "Porque vou me casar daqui a seis meses. Venho de uma família extremamente crítica e tenho a tendência de perder a paciência quando meu noivo faz qualquer coisa que me desagrada. Quero começar meu casamento da melhor maneira que puder."

No mesmo instante, concordei em atendê-la. Como havia uma forte motivação positiva para mudar, essa noiva tinha uma chance muito boa de sucesso. Ao longo dos meses, quando ela desanimava ao ver como era difícil transformar seu antigo hábito de criticar, eu fazia com que se lembrasse da importância daquela mudança. Ela desejava tanto ter um bom relacionamento com o noivo que voltava a tentar.

Após alguns meses, seus esforços começaram a surtir efeito. "Está ficando mais fácil", exclamou ela um dia. "Até meu noivo está notando a diferença." Ela não se tornou perfeita, porque é humana, como todos nós. Mas seu progresso era visível.

Como essa jovem, quando você quiser fazer de fato algo novo, tem de saber claramente o motivo que o leva a investir toda a sua energia. Os benefícios que lhe trará a mudança precisam estar claros. É absolutamente necessário ter uma forte razão emocional que dê sentido ao trabalho penoso que você talvez terá de empreender para poder persistir. É possível que você tenha sido pressionado a agir porque chegou ao fundo do poço. Mas, ainda assim, precisa ser motivado por algo *positivo* que a mudança vai lhe trazer.

Essa é a visão do consultor organizacional Robert Fritz, que dedicou a vida ao estudo da mudança consciente. Fritz descobriu que, embora possamos nos motivar em pouco tempo a fazer mudanças quando sentimos medo – tenho de parar de fumar senão vou morrer; tenho de parar de beber senão vou perder meu emprego –, é preciso acrescentar uma conquista positiva: quero viver o suficiente para ver meus netos; quero recuperar meu fôlego para fazer os exercícios de que gosto; quero realizar o sonho de ter minha casa própria. É por isso que, segundo Fritz, quando nos motivamos de um modo positivo, estamos agindo do mesmo modo que as forças da criação no mundo natural e, consequentemente, aumentamos a possibilidade de sucesso. As ideias de Fritz estão firmemente baseadas nas leis da física. Se você tiver interesse em aprender mais, leia trechos do livro dele intitulado *The Path of Least Resistance.*

Psicólogos descobriram algo similar. Tentar conscientemente remover um hábito ou uma imagem mental negativa, na verdade, reforça esse hábito ou imagem. É por isso que se você der a si mesmo uma ordem do tipo "Não pense em situações dolorosas de sua vida", uma parte do seu cérebro vai tentar obedecer por meio de um exame constante ("Você está pensando nos seus problemas agora? E agora?"). O resultado é que você acaba pensando constantemente naquilo em que jurou não pensar. Mas, se você cria uma imagem positiva do que deseja alcançar, é a ela que o cérebro se dedica.

Encontrar uma motivação positiva também ocupa seu cérebro emocional no sentido de trabalhar para a mudança, e não contra ela. Lembre-se de que o cérebro quer ir em direção ao prazer. Por isso, quanto mais sua motivação positiva for emocionalmente prazerosa, mais ela irá ajudá-lo a alcançar seu objetivo.

Faça uma tentativa. Encontre uma motivação positiva para a razão pela qual você quer fazer determinada mudança, algo que envolva seus sentimentos: "sentir-me melhor com relação a mim mesmo, fazer uma contribuição significativa para o mundo, ter um relacionamento mais saudável com meu cônjuge, aproveitar mais a vida, ser uma inspiração para meus filhos". Lembre-se de que, seja o que for, essa motivação deve ter uma carga emocional positiva para você. Transforme qualquer motivação negativa em uma positiva. Em vez de pensar "tenho medo de perder minha casa se não encontrar um emprego que pague melhor", pense "quero um emprego que pague melhor para ter estabilidade financeira".

Vou lhe dar uma sugestão: quando se der conta de qualquer motivação negativa, transforme-a em uma positiva e escreva-a em um papel que fique ao seu alcance para que você possa recorrer a ela sempre que precisar.

FUGINDO DE COISAS COMO	CORRENDO EM DIREÇÃO A COISAS COMO
Fumar	Saúde, uma vida mais longa
Excesso de peso	Roupas que caem melhor, maior autoconfiança
Profissão rotineira	Novas oportunidades, mais dinheiro

Casa desarrumada	Poder encontrar as coisas, sensação de ordem
Dívidas	Sensação de liberdade e controle
Estresse	Mais descontração, sono melhor
Negatividade	Mais alegria
Raiva	Paciência, serenidade
Solidão	Alguém especial com quem compartilhar a vida
Passividade	Capacidade de defender o que quero
Medo	Coragem
Preocupação	Paz de espírito

A distância entre o lugar onde você está e o lugar onde deseja estar é uma coisa boa

Os sonhos vêm em um tamanho muito grande para que possamos crescer dentro deles.

– JOSIE BISSET

Eu estava trabalhando com um executivo – vamos chamá-lo de Jake – que queria um cargo mais alto em sua empresa, que estava passando por uma enorme reestruturação. Um dia, ele estava se queixando da falta de reconhecimento por parte de seus chefes e do que havia de errado na empresa. Então, eu o desafiei a pensar no que ele queria, em vez de concentrar-se no que não desejava: "O que você gostaria de fazer na empresa?", indaguei. "Bem, eu realmente gostaria de ser diretor de marketing", admitiu ele. "Tenho muitas ideias sobre o que precisa ser feito. Mas não vão me escolher. Não tenho formação em marketing."

"Não parta desse princípio", respondi. "Repita para si mesmo o que realmente deseja e você aumentará as chances de isso ocorrer." Expliquei-lhe o que aprendi sobre a física da criação consciente com Robert Fritz. "Em geral, as pessoas entram em desespero ou desistem quando tomam conhecimento da distância que existe entre o que querem e o lugar onde se encontram. Mas Fritz acredita que esse espaço é bom. Ele o chama de tensão para a criação. De acordo com as leis da física, a energia quer seguir no caminho de menor resistência para chegar ao estado mais estável para a solução da tensão. E o que você deseja, e não a sua situação atual, é o estado mais estável. Aquilo que você deseja nunca muda, enquanto a realidade presente, em que você se encontra neste exato momento, está sempre mudando."

"Eu realmente quero isso. Mas como posso conseguir?", perguntou Jake.

"Não sei", respondi. "Mas você também não precisa saber. Na verdade, não dá para saber de antemão. Você só precisa tomar algumas medidas, procurando o caminho de menor resistência, e, de tempos em tempos, avaliar se está chegando mais perto."

Jake tinha suas dúvidas, mas estava disposto a tentar. Trocamos ideias sobre ações, incluindo traçar um plano de marketing e fazer a diretoria tomar conhecimento dele e do desejo de Jake de ocupar essa posição. Procuramos descobrir qual seria a melhor pessoa a abordar e como chegar a ela. Um mês depois, ele telefonou. "Você não vai acreditar. Amanhã serei oficialmente nomeado chefe de marketing!" Fiquei contente.

Pode parecer mágica, mas acredito nesse processo porque o vi funcionar muitas vezes. Expresse claramente o que você deseja, diga para si mesmo a verdade sobre onde você está e entre em ação. A vida muito provavelmente vai ajudá-lo a fechar a lacuna.

Em *100 maneiras de motivar a si mesmo*, de Steve Chandler, li que Arnold Schwarzenegger usou essa mesma técnica. Na época em que era um fisiculturista musculoso, com um forte sotaque austríaco, confessou para Chandler, um jornalista esportivo: "Vou ser o maior sucesso de bilheteria de toda a cidade de Hollywood." Incrédulo, Chandler perguntou como ele conseguiria realizar esta façanha. "Pelo mesmo processo que uso no fisiculturismo", explicou Arnold. "*Crie uma visão* de quem você deseja ser e depois viva de acordo com aquela imagem, como se ela já fosse real."

Então, se é tão simples assim, por que todos nós não temos sempre o que desejamos? Segundo Fritz, uma das razões é que realmente não desejamos algo o bastante, ou não acreditamos que o merecemos. Então, nos conformamos com a distância entre o lugar onde estamos e o que desejamos. Uma vez atendi uma mulher que dizia que queria mudar de profissão. Examinamos o que ela desejava, mas tudo era confuso. "Eu poderia fazer isso, ou isso ou isso." Quando eu a desafiava a fazer uma escolha concreta, ela sempre tinha uma desculpa: "Tal coisa atrapalha meu horário de fazer exercícios; essa outra vai me obrigar a voltar a estudar; minha maior prioridade é o tempo com meus filhos." Eu sabia que ela continuaria no mesmo emprego. E foi o que aconteceu.

Sua vontade é que move a energia da criação, atraindo você para o desejo de seu coração. Por isso é necessário, de fato, permitir-se querer e acreditar que aquilo que você deseja é possível, mesmo que não saiba como obtê-lo. Fritz coloca a questão dessa forma: "Se você limita suas escolhas somente ao que parece possível ou razoável, você se desconecta do que realmente deseja, e tudo o que resta é uma concessão." Por isso, não se preocupe, pensando até onde você tem de ir – a força da criação está do seu lado!

ARRUMANDO A BAGUNÇA: "ISTO PARECE PERTENCER À PESSOA QUE QUERO SER?"

"Eu tinha acabado de me divorciar, de me mudar para outro estado com meus três filhos e de desempacotar tudo o que acumulara durante anos", conta Jane. "Passei os olhos em minha casa abarrotada das minhas coisas – Barbies, bonecas vestidas de noiva, anjos, pratos e roupas de décadas atrás – e pensei comigo mesma: 'De quem são essas coisas?' Eu queria me livrar do que representava meu passado para dar espaço à pessoa que eu desejava ser. Então, resolvi examinar cada um daqueles objetos, me perguntando: 'Isto parece pertencer à pessoa que eu quero ser?' Dividi a tarefa em categorias. Uma noite seria a dos pratos, a outra, a das bonecas. Separei tudo em cinco caixas: uma para levar para vender em um brechó; outra para dar aos amigos; uma terceira para doar a obras de caridade; outra para jogar fora; e a última para guardar. Despachei as caixas o mais rápido possível para não ter chance de mudar de ideia. Levei cerca de um mês, mas, no final, senti um grande alívio e liberdade. Hoje em dia, quando vou comprar alguma coisa, pergunto para mim mesma se reflete quem sou agora. Isso realmente me ajudou a tocar a vida depois do divórcio."

Não existe o momento perfeito para começar

Toda pessoa bem-sucedida de quem já ouvi falar fez o melhor possível com as condições de que dispunha no momento, em vez de esperar que o ano seguinte fosse melhor.

– E. W. HOWE

Trina está desempregada há cinco anos. Não consegue se concentrar em encontrar um emprego, diz ela, porque "há muitas outras coisas acontecendo em minha vida". Ao longo desse tempo, seu gato morreu, seu namorado rompeu com ela, sua mãe veio visitá-la seis vezes, um cano de água arrebentou em seu apartamento... E assim segue a lista. Independentemente do que esteja acontecendo, Trina sempre acredita que não é a hora certa para fazer o que diz querer: encontrar um emprego que a realize.

O que Trina não entende é que nunca haverá um momento perfeito. A vida continua, com todos os seus altos e baixos. Para mudar, um dos truques é descobrir como fazê-lo no meio do tumulto do dia a dia. A Dra. Pamela Peeke, especialista em educação física, diz, por exemplo, que se você quiser ficar em forma e sua mãe estiver internada, você tem de dar um jeito de fazer exercício, andando pelos corredores do hospital. Em outras palavras, você tem de fazer com que a mudança seja uma prioridade para você mesmo, junto com as outras coisas que aparecem no alto de sua lista. O importante é ter certeza de que determinada atividade é algo que você realmente deseja fazer. Normalmente, ninguém nos força a fazer uma mudança. Somos nós que temos de torná-la uma prioridade. Do contrário, é muito fácil deixá-la como último item de nossa pilha de obrigações.

Atualmente, estou atendendo uma executiva dinâmica que deseja mudar de carreira. Ela é casada, tem filhos e um ótimo emprego. Sua filha acabou de entrar na quinta série e requer muita atenção. Ao mesmo tempo, a empresa em que trabalha está passando por uma redução de custos e grande parte do processo fica sob sua responsabilidade. Não é "o momento certo" para se concentrar em como fazer uma mudança. Por isso, a ideia foi posta de lado durante semanas seguidas.

Mas, como ela realmente deseja mudar de carreira, está interessada em manter vivo o processo. O que tem feito? Está seguindo outro conselho que você lerá neste livro: criou uma meta específica (deixar a empresa até o dia 1º de novembro), concentrou-se no próximo passo, e não no processo como um todo (no momento, ela está observando programas de credenciamento em sua nova escolha profissional), criou uma rede de apoio (conversa comigo semanalmente e almoça todas as semanas com uma colega de trabalho que está fazendo uma mudança semelhante) e vê os obstáculos como oportunidades para aprender. Mas nada disso aconteceria se ela tivesse dito para si mesma que haveria no futuro um momento melhor para começar.

Naturalmente, há grandes exceções a isso – se você quebrou o tornozelo, este ainda não é o momento para começar a correr. E acabei de tomar conhecimento de um estudo que afirma que é muito mais fácil para as mulheres pararem de fumar dez dias depois do terceiro dia de menstruação do que em qualquer outro momento do mês. Somente 25% das mulheres que param nessa altura voltam a fumar, o que prova que deve haver alguma ligação entre desejos e hormônios.

Tive um namorado na faculdade que estipulava um horário para começar a estudar: "Vou começar às 9h." Quando examinava o relógio de novo, já eram 9h10. "Opa, tem que ser na hora exata. Vou começar às 10h." E assim por diante. Ríamos disso, mas, na verdade, não passava de uma técnica de protelação. Não havia mágica alguma em começar na hora exata.

Minha amiga Molly Fumia conseguiu escrever três livros (até agora) enquanto criava seis filhos. Ela fez isso ao reconhecer que não havia *o* momento perfeito para realizar seu sonho de ser escritora. É claro que ela passou a escrever mais depois que o caçula entrou para a escola. Mas ela se mexeu antes que as condições fossem ideais, fazendo todos os malabarismos necessários para conciliar a vida familiar com seu desejo de escrever.

É muito provável que este não seja o momento perfeito para você começar. *Haverá* obstáculos. Muitas vezes aconselho os clientes a considerarem esses desafios como testes do tipo "É isso mesmo que você deseja?". Em outras palavras, você está mesmo decidido a ficar em forma, encontrar o verdadeiro amor ou parar de comprar compulsivamente apesar dos obstáculos?

Examine seu coração e ouça a resposta para essa pergunta. Se você for realmente capaz de dizer sim, então poderá realizar seu desejo. Como diz o velho ditado: "Querer é poder."

PARANDO DE FUMAR: "A SEMANA ERRADA"

"No filme *Apertem os cintos... o piloto sumiu!*, o chefe da torre de comando do aeroporto de Chicago se queixava, durante a pior crise da companhia aérea, que ele escolhera a semana errada para parar de fumar. Durante a semana de 29 de agosto de 2005, me aconteceu o mesmo. Enquanto as cenas horríveis causadas pelo furacão Katrina apareciam na televisão de minha casa, eu estava deitada no sofá, com um adesivo antifumo no braço, o estômago embrulhado e lágrimas rolando pelo rosto. Três dias antes, eu finalmente decidira deixar o hábito de 30 anos de fumar. Repetia para mim mesma: 'Escolhi a semana errada.'

As imagens dos desabrigados gritando 'Socorro! Socorro! Socorro!' no Centro de Convenções de Nova Orleans levaram-me a dar algumas tragadas em um cigarro, na esperança de aliviar minha dor. Meus pulmões doíam, e logo percebi que não podia me enganar. Fumar jamais faria desaparecer a dor que as vítimas do furacão me causavam. Descobri então que nunca mais devo me permitir fumar 'só mais um'. O poder do tabaco é tão forte que eu retomaria o vício com força total. Então, comecei a rezar pelas vítimas e por mim mesma. No momento em que escrevo isso, estou no 340 º dia de uma vida completamente livre do cigarro. A pior parte, definitivamente, ficou para trás. No início do processo, quando eu ficava irritada ou com pena de mim mesma, minha frase preferida era 'Aguente firme!' – um lembrete de que essa era uma decisão de vida ou morte. É claro que eu teria preferido poder fumar para acalmar os nervos e aliviar minhas emoções durante aquelas semanas terríveis que se seguiram ao furacão! Mas percebi que o único momento certo era o que eu tinha agarrado, e por isso resolvi aproveitá-lo, sabendo que poderia levar muito tempo para escolher outra 'semana errada'."

Imagine seu futuro "eu" positivo

As pessoas estão de tal forma acostumadas a se preocupar que, se você as salvar de um afogamento e colocá-las em um banco na praia para se secarem ao sol, com um chocolate quente e biscoitos, ainda assim elas se perguntarão se não vão apanhar uma gripe.

– JOHN JAY CHAPMAN

Adquiro meus conhecimentos onde posso encontrá-los. Recentemente, fiquei sabendo de um jovem que sonhava se tornar peão de rodeio. A meta na arena era permanecer em cima do touro por oito segundos. Nos primeiros seis meses, esse rapaz esteve sempre preocupado: "E se eu for arremessado logo? E se eu for pisoteado?" É claro que ele continuou sendo arremessado antes dos oito segundos. Então, um dia, o rapaz decidiu tentar algo diferente. Em vez de se preocupar com o que poderia dar errado, ele se preocupou com o que poderia dar certo: "O que farei com a bolada de dinheiro que vou ganhar? E todos os fãs que vão querer meu autógrafo?" Agora ele é o campeão dos rodeios dos Estados Unidos.

Conforme esse peão descobriu, quando imaginamos todas as coisas que poderiam dar errado, criamos uma interferência interna que aumenta a probabilidade de fracasso. Nosso cérebro emocional quer se afastar da possibilidade de dor e por isso, intencionalmente ou não, pisamos na bola ou desistimos. Por outro lado, quando nos concentramos em todos os resultados positivos, nosso cérebro emocional é atraído pela possibilidade de um prazer maior e assim nos ajuda a avançar no sentido daquilo que desejamos.

Outra razão do funcionamento desse mecanismo é que, de acordo com os neurocientistas, nós não pensamos em fatos, mas em quadros. Quadros são atitudes mentais que estruturam o modo como pensamos. George Lakoff, professor de ciência cognitiva e linguística da Universidade de Berkeley, diz que só entendemos os fatos que se apresentam para nós quando eles se enquadram no que já está na sinapse do cérebro. Do contrário, os fatos entram e voltam a sair imediatamente, sem serem aceitos. Os quadros, para mim, são como histórias sobre a vida que contamos para nós mesmos, e que se confirmam repetidas vezes, porque rejeitamos qualquer informação conflitante.

Todos nós temos um quadro, uma história sobre nós mesmos e a vida, que influencia tudo aquilo que pensamos e fazemos. É preciso mudar o quadro para obtermos resultados diferentes em nossa vida. Conheço uma mulher que pensa firmemente que não se deve confiar nos homens. Não precisa ser muito esperto para adivinhar que ela continua sozinha. Será que é porque não existem homens confiáveis? É claro que não. Mas ela interpreta qualquer comportamento masculino como prova de que está certa, descartando todos os comportamentos confiáveis.

Aqui está outro exemplo de como os quadros se tornam obstáculos para nós. Eu atendia Chris, que estava com cerca de 20 quilos acima do peso. "Nunca estive tão pesado", queixou-se ele. "Sempre fui considerado 'o gordo' da família. Quando vejo minhas fotos na adolescência e com vinte e poucos anos, acho que tinha um peso normal. Mas como venho de uma família de pessoas obsessivamente magras, eu me vejo como um sujeito enorme. Hoje não estou com esse peso todo, mas continuo me vendo da mesma forma: um homem obeso." Chris literalmente comeu até se transformar na imagem que tinha de si mesmo. Ele só mudaria sua história depois que seu peso diminuísse.

Uma forma de criar um novo quadro é fazer o que o peão de rodeio fez – criar uma história nova e positiva sobre si mesmo no futuro. Então, fazer as mudanças necessárias torna-se possível, porque você já tem uma história nova para viver.

Quando Chris botou isso em prática, visualizou seu "eu" futuro com um peso normal. Não era tão magro como o restante da família nem tão obeso como está hoje. O interessante é que ele deu ao seu "eu" futuro um nome novo – Christopher. No quadro que criou, Christopher fazia longas caminhadas com a esposa, e andava de bicicleta, esporte que adorava, mas que abandonara desde a adolescência. Entusiasmado com a imagem de Christopher, Chris entrou em ação. Agora, dois anos depois, está até pensando em participar de uma maratona!

Aqui está uma carta do "eu futuro" de uma mulher que tomou a decisão de comprar uma casa e mudar-se com o mínimo possível de dificuldade. Ela a escreveu um dia antes da mudança. Você verá a sabedoria que o "eu" futuro tem a oferecer.

Querida Dina de Hoje,

Bem, você conseguiu se mudar para uma cidade nova sem se deixar dominar por seu velho pessimismo. Sei que não foi fácil continuar otimista e manter o equilíbrio em meio a todo o caos e confusão, mas você conseguiu. Aprendeu a não se apressar para tomar decisões e, consequentemente, comprou um número muito menor das coisas erradas que comprava antes. Sua família está colaborando e você não se sente forçada a cuidar de cada detalhe!

Você aprendeu algumas outras coisas sobre como tornar essa mudança mais fácil:

1. *Reservou um espaço particular só para você, com as coisas de que precisa ao alcance da mão.*
2. *Você não grita com Sam quando algo sai errado. Normalmente a culpa não é dele. Você não grita com outras pessoas também.*

Técnicos, pessoal do conserto e vendedores trabalham melhor quando se tem mais paciência com eles.

3. *Você aceita ajuda de quem desinteressadamente deseja ajudar – e, com gentileza, recusa a ajuda de quem a oferece com segundas intenções.*
4. *Você se lembra de que nada é permanente. "Isso também vai passar" é um grande mantra.*

SEU CHAMADO DO FUTURO...

Para criar um novo quadro positivo, escreva uma carta para si mesmo como se você estivesse no futuro. Imagine-se um ano à frente do que está agora, tendo realizado o que deseja. Perdeu peso, ficou mais feliz, encontrou um novo cônjuge, aprendeu a facilitar a vida... Seu "eu" futuro escreve para seu "eu" presente dizendo como você está. E então? Que surpresas a mudança lhe trouxe? No futuro você está um ano mais velho e tornou-se mais sábio. Aprendeu muito durante o caminho. Que mensagem o seu eu futuro tem para ajudar você, no presente, a chegar àquela posição maravilhosa?

O entendimento é o prêmio de consolação

Não pergunte por que uma pessoa é como é,
mas o que a faria mudar.

– MILTON ERICKSON, DOUTOR EM MEDICINA

Minha mãe diz que a primeira palavra que falei foi "por quê". Eu acredito nela. Passei os primeiros 45 anos de minha vida tentando desvendar o mistério que explica por que as pessoas são como são. Sou formada em psicologia, li milhares de romances para entender a psique humana e passei milhares de horas analisando cada pessoa que conheci, como também os amigos de cada um de meus amigos. Então, por que digo agora com tanta frequência a meus clientes que "o entendimento é o prêmio de consolação", como certa vez me afirmou a autora Daphne Rose Kingma?

É porque finalmente me convenci de que entender as razões que fazem de nós o que somos não só é inútil, como pode até nos impedir de seguir em frente. Por que não consigo fazer tal coisa direito? Por que isso aconteceu comigo? Por que sempre desisto? Ficamos achando que, se tivéssemos as respostas a essas perguntas, estaríamos milagrosamente livres do problema que nos incomoda. Mas, embora possamos ter as respostas, a maioria delas muitas vezes nos leva ao beco sem saída do desespero. O que aconteceria, por exemplo, se você entendesse que foi porque sua mãe a forçou a usar o banheiro aos seis meses de idade que sua casa é essa verdadeira bagunça? A casa continuaria um caos e você não saberia o que fazer.

A tendência de ficar preso aos porquês (é porque sou fraco; é porque sou adotado; é porque sou muito controlador) é tão forte que até existe um nome para ela: paralisia por análise. O nome normalmente é usado no mundo empresarial para referir-se a indivíduos ou equipes que preferem continuar a reunir informações, em vez de tomar medidas. Mas pode acontecer com qualquer um de nós quando estamos tão concentrados nos porquês de nosso comportamento a ponto de não conseguirmos nos mexer para produzir um resultado diferente. Como escreveu Timothy D. Wilson em um artigo para o *The New York Times*, resumindo a pesquisa científica sobre as armadilhas de uma introspecção excessiva, "se estivermos insatisfeitos com algum aspecto de nossa vida, uma das melhores soluções é agirmos como a pessoa que desejamos ser, em vez de ficarmos sentados analisando as razões que nos fazem ser como somos".

Um pouco da ciência do cérebro pode ser útil aqui. Ao perguntar "por quê", você está usando seu pensamento analítico, que é uma atividade do lado esquerdo do cérebro. Depois de muitos estudos e pesquisas, concluí que as teorias que explicam por que sou de determinado modo não têm fim.

Descobri, no entanto, que para mudar algo em mim mesma, para criar algo novo, preciso usar uma parte diferente do meu cérebro – o lado direito, onde acontece o pensamento inovador. O lado direito está voltado para o futuro. É nele que se encontram nossas aspirações, nossos sonhos, nossos desejos. É nele que nasce a criatividade. Essa parte de seu cérebro não se importa com o que você fez antes – na verdade, ela é estimulada pelo que é novo, e fica entediada com a rotina. É a parte que, quando sente que você está aprendendo algo novo, se empolga e deseja ajudar a descobrir o caminho para seguir em frente. O pensamento inovador não está interessado nas causas, mas no que seria possível. Intriga-se com questões como: o que quero agora? Que visão interessante me motiva? O que preciso fazer para realizar o desejo do meu coração?

Ao se preparar para a mudança, deixe de pensar no "porquê" e pense "no que seria possível". Faça perguntas que comecem com "o que", e não "por que": "*O que* posso fazer para ter mais equilíbrio em minha vida hoje?", em vez de "*Por que* sou viciado em trabalho?"; "*De que* ajuda preciso neste exato momento?", em vez de "*Por que* isto está acontecendo comigo?". Você percebe a diferença entre as duas abordagens? A segunda leva à ruminação e à estagnação, enquanto a primeira leva a possibilidades criativas e à força para seguir em frente.

Para colher os benefícios de seu pensamento inovador e entrar em ação, você precisa entender duas coisas. Primeiro, o lado direito do cérebro gosta de perguntas, não de afirmações. Assim, quanto mais você puder ficar nas perguntas, mais discernimento terá. É possível que seja necessário "guardar" a pergunta – o que significa que a resposta talvez não apareça de imediato. Mas acredite que ela virá.

Segundo, você precisa saber que o lado direito do cérebro é relacional e metafórico. Isso significa que a resposta que você obtém talvez não venha de um modo direto. Ela pode aparecer na forma de uma música que não sai da sua cabeça, de uma intuição, ou de uma imagem visual interessante. Acredite que essas são respostas.

Vou dar um exemplo. Ted está mergulhado em papéis que representam muitas oportunidades profissionais possíveis. Ele não só deseja ser mais organizado, como também descobrir em que projeto deve se concentrar. Ao falar comigo por telefone, ele dá todos os tipos de razões que o impedem de limpar sua mesa e escolher um projeto em vez de outro. Eu o desafio a deixar de lado os porquês e tentar uma experiência. "Pegue cada papel e imagine-se em seu leito de morte, fazendo uma retrospectiva de sua vida. Você ficaria contente por ter realizado esse projeto? O que ele teria proporcionado de importante para você? Em seguida, separe os papéis de acordo com seus sentimentos de satisfação e realização." Ele fez o que sugeri e agora criou um caminho rumo a uma carreira que realmente deseja.

LIDANDO COM O ESTRESSE: "ESTOU DEIXANDO O HÁBITO DA 'VELHA HISTÉRICA'"

"Sempre lidei mal com meu estresse", relata Christine Hierlmaier Nelson, uma autora que é agora perita em paciência. "Ter filhos foi algo que reforçou minha natureza colérica. Tive terríveis depressões pós-parto, com pensamentos sombrios que me deixavam assustada. Eu não queria gritar como minha mãe, nem machucar meus filhos física ou psicologicamente. Em vez de procurar descobrir o motivo do meu problema de temperamento, comecei a tentar estratégias positivas. Elas deram tão certo que agora quero ensiná-las aos outros: quando sentia muita raiva, saía para dar uma volta, ou ia sozinha para um lugar na natureza, procurando colocar as ideias no lugar novamente; beijava meus filhos quando realmente ficava frustrada (beijar aumenta a serotonina, um hormônio do bem-estar, e faz a raiva diminuir); colocava-me no lugar de meus filhos quando eles estavam com fome ou cansados, em vez de achar que estavam me provocando; ia cedo para a cama pelo menos uma vez por semana e me levantava uma hora antes das crianças para iniciar as tarefas do dia de um jeito mais relaxado; ouvia CDs de meditação para aumentar as ondas cerebrais 'alfa' responsáveis pelo relaxamento; saía uma noite por mês para namorar meu marido, fortalecer a relação e me sentir mulher. Hoje, meus filhos já quase não ouvem minha voz de 'mãe rabugenta e histérica'. Quando sei que estou estressada, eu me afasto, em vez de descarregar minha raiva nos outros."

Acredite que você é capaz

As pessoas realmente se tornam extraordinárias quando começam a pensar que conseguem fazer certas coisas. Quando acreditam em si mesmas, elas adquirem o primeiro segredo do sucesso.

– NORMAN VINCENT PEALE

Eu estava andando de bicicleta com minha filha de 9 anos quando lhe contei que ia começar a escrever este livro e por isso, durante algum tempo, não teria os fins de semana livres. "Como se chama o livro?", Ana perguntou.

"*A aventura de viver seus sonhos*", respondi.

"Ah", disse ela. "Então será algo do tipo 'acredite em você mesmo'?"

Fiquei impressionada. Como acontecera muitas vezes antes, Ana foi direto ao xis do problema. Seja qual for o objetivo ou o sonho, você não poderá realizá-lo sem, primeiro, lá dentro de si mesmo, acreditar que é capaz.

O efeito da autoconfiança na realização de objetivos tem sido bastante pesquisado – mais de 6 mil estudos foram feitos desde 1976. Descobriu-se que ela é um fator muito significativo (e muitas vezes o único fator significativo) no sucesso em relacionamentos, no trabalho, no desempenho musical, nos esportes e por aí afora. Como? A autoconfiança mantém o cérebro emocional longe do medo que nos faz lutar ou fugir. E é um lembrete para nosso cérebro pensante de que podemos realizar nossos objetivos.

Então, se é bom ter autoconfiança, o que fazer quando ela não é seu ponto forte? Não acho que devemos tentar simplesmente nos convencer de que temos fé em nós mesmos. Pelo contrário, precisamos de evidências concretas de que temos "ilhas de competência", como Steve Jobs certa vez se referiu aos talentos em um discurso de formatura. E a melhor forma de encontrar suas ilhas de competência está em rever seus sucessos do passado.

Independentemente de quem você seja e das circunstâncias de sua vida, você tem certos talentos e habilidades que produziram sucesso. Mesmo que sinta que muitas vezes meteu os pés pelas mãos, você teve sucesso em alguma coisa – concluir os estudos, ser um amigo solidário, organizar uma casa, aprender a cozinhar – e para isso usou essas qualidades do coração e da mente. Talvez você ignore suas próprias competências. Pois bem! É hora de fazer uma lista com elas.

Para criar sua lista de competências, escolha quatro a seis coisas que você realizou. Escreva o que fez. Depois, releia essa lista e escreva os pontos fortes e as habilidades que usou repetidas vezes para ter sucesso. Essas são suas competências, as qualidades pessoais que você pode aplicar em busca de qualquer meta.

Recorra à sua lista de competências quando estiver vivendo uma crise de confiança. Ela o fará lembrar as qualidades que lhe permitiram ter sucesso no passado, e que podem ser usadas agora. Aqui está um exemplo. Cheri preocupa-se excessivamente e deseja levar a vida de uma forma mais descontraída. Quando lhe pedi que listasse suas realizações, ela colocou: frequentar a escola técnica de medicina enquanto trabalhava em tempo integral, viajar pela Europa, enfrentar uma corrida de cinco quilômetros e conseguir fazer uma pequena poupança. Seus pontos fortes que se destacam nessas quatro situações incluem determinação de ser bem-sucedida, independência e coragem. Ela resolveu então tratar seu desejo de parar de se preocupar da mesma forma como encarou essas tarefas mais concretas. Elas a farão lembrar que pode ter sucesso, que é capaz e que seguirá em frente mesmo quando estiver com medo.

Alicerce a confiança em si mesmo na lembrança dos desafios que enfrentou e de suas realizações na vida. Se tiver dificuldade para lembrar o que já realizou, ou se tem a tendência de minimizar seus talentos, procure alguém para ajudá-lo.

Você *pode* ter sucesso! Dê a si mesmo o impulso da autoconfiança.

QUANDO ESTIVER EM DÚVIDA, EXPERIMENTE ESTE EXERCÍCIO

Esta é uma prática do mestre budista James Baraz, que você pode usar quando os demônios da falta de confiança em si mesmo o assaltarem, impedindo-o de ter *qualquer* fé em si! Este exercício chama-se RAIN: Reconheça, Aceite, Investigue, Não identifique.

1. Reconheça: Tome consciência do que está acontecendo. (Ah, aqui estou eu de novo pensando que não vou conseguir).
2. Aceite: Em vez de ficar se culpando pelo que não fez, aceite com tolerância os seus limites. (Tenho medo de fracassar de novo.)
3. Investigue: O que você está sentindo? Que imagens lhe ocorrem? (Sinto um nó na garganta e me vejo bêbado, caído na rua.)
4. Não identifique: Diga para si mesmo: "Esses pensamentos e sentimentos não são meus. São apenas passageiros. Sou muito maior do que eles. Posso optar por não acolhê-los."

O que aconteceria se você já tivesse passado por isso?

Errei mais de 9 mil arremessos em minha carreira. Perdi quase 300 jogos. Em 26 ocasiões, acreditaram que eu marcaria o ponto que levaria à vitória do time... e errei. Fracassei muitas vezes em minha vida. E é por isso que sou um vencedor.

– MICHAEL JORDAN

"Voltei ao ponto de partida", lamentou Jan. "Ainda tento controlar minha dívida no cartão de crédito, mas ela continua a aumentar cada vez mais."

Se você está lendo este livro, é bem provável que já tenha tentado, talvez muitas vezes, realizar a mudança que deseja. Você perdeu quase sete quilos e acabou recuperando-os, parou de fumar durante meses ou até anos (um amigo meu voltou a fumar depois de sete anos) e depois recomeçou, empenhou-se inutilmente para tentar descobrir qual deveria ser sua próxima carreira, começou a escrever seis romances... Afinal, como sair do carrossel que nos leva a repetir sempre a mesma coisa? Como acreditar que dessa vez será diferente?

Essas perguntas são importantes, porque se seu cérebro emocional achar que a tarefa é muito semelhante à que você já tentou antes sem êxito, ele sabotará seus esforços. Assim, a melhor maneira de começar a descobrir a resposta é reconhecer que você, na verdade, não voltou à estaca zero. Ao tentar novamente, você tem uma grande quantidade de informações e experiências acumuladas nas tentativas anteriores – independentemente de quantas tenham sido – às quais pode recorrer. Você sabe onde ficou paralisado e o que o fez perder o ânimo. Mas só pode entender isso quando souber que a vida é um constante processo de aprendizagem.

Carol Dweck é uma professora de psicologia em Stanford que estuda a razão por que algumas pessoas têm sucesso e outras fracassam. Ela descobriu que, quando jovens, as pessoas desenvolvem convicções que organizam seu mundo e dão sentido às suas experiências. Esses modelos mentais determinam os objetivos que tentamos alcançar e as formas pelas quais procuramos fazê-lo. Descobriu que os modelos mentais fundamentais de indivíduos bem-sucedidos são: eles gostam de aprender; procuram desafios; valorizam o esforço; e persistem diante de obstáculos razoáveis. Para ela, essa é uma orientação *de crescimento* na vida, em oposição a uma orientação *estática*.

Quando fracassam em alguma coisa, as pessoas com uma orientação estática acreditam que a situação está fora de seu controle e que não podem fazer nada. Perdem a confiança em sua capacidade de desempenho. Minimizam os sucessos anteriores e supervalorizam os fracassos. Preocupadas com o fracasso, abandonam as estratégias eficazes que têm em seu repertório. Elas simplesmente desistem.

As pessoas com uma orientação de crescimento não veem o fracasso como uma crítica às suas capacidades. Para elas, um problema é apenas uma oportunidade de aprender coisas novas. Elas concentram sua atenção em encontrar estratégias para aprender. Quando não conseguem o que desejam, percebem que simplesmente ainda não encontraram a estratégia certa e imaginam como podem melhorar seu desempenho da próxima vez. Entregam-se ao trabalho com determinação e fazem previsões otimistas: "Quanto mais difícil for, mais preciso me esforçar. Devo me lembrar do que já aprendi nesse campo. Logo vou conseguir isso."

De onde vêm essas visões? Vêm do fato de você achar que a inteligência é estática (você já nasceu com a inteligência que sempre terá) ou passível de crescimento (você pode ficar mais inteligente ao longo da vida). Quando obtiveram evidências de que o cérebro pode desenvolver novos caminhos, alunos do primeiro ano da faculdade, com orientação estática e à beira da desistência, mudaram para uma orientação de crescimento e conseguiram se formar.

A pesquisa de Dweck oferece fortes evidências de que, para fazer uma mudança duradoura de qualquer tipo, é fundamental adotar uma orientação de crescimento. Como aqueles alunos da faculdade, independentemente daquilo em que você acreditou no passado, por favor, aceite as evidências científicas de que você pode se tornar mais inteligente e mais eficiente. Quando reconhecemos que nossa mente é capaz de aprender e vemos a vida como uma oportunidade de crescer, então tudo o que fazemos pode ser útil. Não desistimos quando nos deparamos com obstáculos, mas aprendemos com a experiência e recomeçamos com mais sabedoria.

Quer outra prova de que o sucesso provém do fato de você aceitar que cometerá erros e será capaz de aprender com eles? Foram realizados estudos com aspirantes a neurocirurgiões para determinar quem teria sucesso e quem fracassaria. O pesquisador fez as duas perguntas seguintes: "Você já cometeu erros? Nesse caso, qual foi o pior erro que já cometeu?" Aqueles que desistiram afirmaram nunca ter cometido erros, ou atribuíram algum erro a fatores que fugiram ao seu controle. Os alunos de neurocirurgia que tiveram êxito admitiram muitos erros e descreveram o que tinham aprendido para evitá-los no futuro.

Se você quer fazer uma mudança, pense no que aprendeu com seus fracassos e de que forma essa aprendizagem irá ajudá-lo agora. Talvez você tenha perdido o controle em determinada situação, talvez tenha desistido da dieta durante as férias e por isso sabe que precisa de outras estratégias para situações especiais. Dedique algum tempo neste exato momento a examinar alguma tentativa anterior a fim de descobrir o que pode aprender para fazer as coisas de um modo melhor da próxima vez.

E tenha ânimo – os caminhos neuronais que você desenvolveu ao praticar os novos comportamentos ainda estão lá. Por isso, recomeçar fica um pouco mais fácil.

CRIANDO UMA HISTÓRIA DE CRESCIMENTO

Se você já tentou fazer essa mudança, talvez seja muito útil criar o que minha colega Dawna Markova chama de "uma narrativa integrada", ou seja, uma história sobre seu passado, presente e futuro que tenha uma orientação de crescimento. Na maioria das vezes ficamos mergulhados em nossos erros do passado ou em nossa paralisação presente ao pensarmos em um problema. Quando acrescentamos um futuro positivo e ligamos passado, presente e futuro, damos ao nosso cérebro uma história com começo, meio e fim que nos ajuda a criar o resultado positivo que buscamos. É preciso que você tenha: 1) uma descrição precisa dos fatos do passado, incluindo o que funcionou e o que não funcionou; 2) os fatos do presente, incluindo o que você está aprendendo e que levará a 3) uma descrição de si mesmo no futuro depois de alcançar seu objetivo. Aqui está um exemplo. Tessa está tentando perder 14 quilos há alguns anos. Sua história de crescimento poderia ser:

- O passado: Tentei várias coisas, como pratos menores, que realmente ajudaram, e dietas rígidas, que não ajudaram.
- O presente: Eliminei a comida de alto valor calórico de minha casa e estou aprendendo a perceber quando estou comendo muito.
- O futuro: Um dia não terei dificuldade em comer a quantidade certa dos alimentos certos.

Não dá para ficar em forma vendo os outros se exercitarem

Depois de tudo dito e feito, muito mais se disse do que se fez.

– LOU HOLTZ

Eu estava participando de um debate sobre meu livro *The happiness makeover*. "Qual é o conselho mais difícil do livro?", perguntou o moderador. Peguei o livro e coloquei-o sobre minha cabeça. "De algum modo, pegar o que está aqui e enfiá-lo na cabeça. Para isso, é preciso ação. Você não pode se tornar mais feliz lendo coisas sobre felicidade." O público concordou com a cabeça e riu.

Todos somos especialistas em ler e falar sobre mudança, mas somos principiantes quando se trata de colocá-la em ação. Mas, como diz o provérbio chinês, "conversa não cozinha arroz". Você e eu temos todos os conselhos de que precisamos sobre como encontrar um relacionamento, ir atrás de nossos sonhos, passar um tempo de qualidade com os filhos, ser mais organizados, desenvolver atitudes positivas. Só é preciso agir.

Em alguns sentidos, a avalanche de informações provenientes de livros, revistas e websites, na verdade, se torna um obstáculo para nós. Primeiro, há tantos conselhos sobre o que fazer e como fazê-lo que a mudança pode parecer insuportável. Você deve eliminar os carboidratos pelo resto da vida? Deve procurar efetivamente um relacionamento ou se conformar com a vida de solteiro e aguardar uma surpresa? Deve repetir afirmações ou criar imagens para concretizar algo novo? Há um milhão de sugestões sobre como fazer qualquer coisa, e você corre o sério risco de ficar perdido.

Segundo, confundimos ler e pensar com fazer. Há mais de uma década que leio e participo de seminários sobre budismo. Mas me pergunte quantas vezes eu me sentei sobre uma almofada e fiz meditação, uma das principais práticas do budismo. Pouquíssimas.

É fácil confundir contemplar com fazer. Tive clientes assim. Eles me contratam para ajudá-los a ser mais felizes, alcançar um equilíbrio maior entre trabalho e vida pessoal, descobrir o que querem fazer na vida. Depois passam a conversar comigo todas as semanas sobre o que desejam, por que desejam e por que não conseguem ter o que desejam.

"Tudo bem", digo. "O que você está disposto a fazer nesta semana para se aproximar mais de seu objetivo?" E lhes dou sugestões. Eles sempre concordam em fazer algo e voltam na sessão seguinte sem terem realizado nada e prontos para falar sobre tudo novamente.

Passei a ver que a razão por que estão estagnados é que, quando conversam comigo, eles têm a sensação de estar mudando – ou, pelo menos, tentando mudar. Quando você conversa com um familiar ou com amigos sobre o que deseja, é possível que também esteja confundindo essa conversa com o verdadeiro trabalho de mudança. Como nos lembra Montaigne, "dizer é uma coisa, fazer é outra".

Recentemente ouvi esta piada: cinco sapos estão em cima de um tronco. Um deles decide saltar. Quantos restam? Cinco, porque decidir não é fazer.

A dura realidade é que só criamos algo novo em nós mesmos por meio da ação. Ler e conversar com os outros pode nos dar discernimento e apoio e oferecer uma reflexão valiosa sobre o que está funcionando e o que não está – mas só se estivermos realmente empenhados em trabalhar para operar a mudança. Isso acontece porque o cérebro aprende a partir de *experiências*. Você não consegue criar novos caminhos neuronais apenas por desejar ser diferente, por falar que gostaria de ser diferente, ou por ler sobre como ser diferente.

Só há uma solução: prática, prática, prática. Quando você sai para uma caminhada, em vez de pegar um cigarro, um doce ou uma bebida; quando você escolhe o lado positivo de qualquer situação, em vez de reagir da habitual forma negativa; quando você desliga o computador e vai ficar com seu cônjuge ou seu filho para ter um tempo de qualidade. É aí que você está, de fato, criando as novas opções em seu cérebro.

A pesquisa mostra que, por alguma razão – sociológica, psicológica ou biológica –, em geral as mulheres ficam mais estagnadas no pensamento, em vez de tomarem uma atitude, do que os homens. Independentemente de seu sexo, se você se surpreender refletindo exageradamente sobre uma decisão a tomar, pergunte a si mesmo: "Tudo bem, agora o que vou *fazer* a respeito disso?"

Há outro provérbio chinês que diz: "Seu professor pode abrir a porta, mas você tem de entrar sozinho." É hora de parar de pensar em fazer e de começar a fazer.

ENTRANDO EM AÇÃO

✦

Um objetivo sem um plano de ação é um devaneio.
– NATHANIEL BRANDEN

Esse é o momento da verdade. Você vai começar a praticar seu novo hábito saudável ou realizar seu sonho. Não importa quando você começa; o importante é começar. Tenho uma cliente que pensou em aprender tai chi chuan durante sete anos. Quando começou a frequentar as aulas com uma vizinha, ela me disse: "Faz muito tempo que penso nisso. Mas agora vejo que não conseguiria ter feito sozinha." Nesta seção você descobrirá os truques que lhe permitirão começar da melhor maneira possível: a importância de ser específico e concreto, de acompanhar o progresso, de pedir ajuda, de arranjar tempo e de cultivar as atitudes de um aprendiz que irão impedi-lo de desanimar diante da dificuldade.

Como escreve J. R. R. Tolkien em *A sociedade do anel*, "é o trabalho que nunca se começou que leva mais tempo para ser concluído". Então, vamos começar!

Concentre-se, pessoal!

Seja como um selo – cole-se a uma coisa até chegar ao seu destino.

– JOSH BILLINGS

Quando converso com Marylin, imagino uma borboleta. Ela parece voar de um problema para outro. Em uma semana, tratamos de seus problemas com o chefe, na seguinte, de seu relacionamento com o marido, na outra, da aparente razão por que ela não consegue encontrar uma causa em que possa trabalhar como voluntária, apesar de seu desejo. "Sinto que não estou indo a lugar algum!", revelou Marylin na quarta semana. Concordei. O que ela – e eu – precisávamos fazer era nos concentrarmos em uma determinada mudança para podermos chegar a algum lugar.

Quando os especialistas analisam a razão por que as decisões de ano-novo não dão certo, um dos principais motivos é que as pessoas tentam mudar muitas coisas ao mesmo tempo: "Vou comer direito, ser mais paciente com as crianças, aprender tango e terminar todos os projetos domésticos que prometi cumprir no ano passado." Elas se deixam levar pela emoção diante da possibilidade de mudança que o novo ano promete e acabam, um ou dois meses depois, na mesma situação – só que pior, porque não realizaram nada e ainda acrescentaram outra tentativa frustrada à sua experiência.

Como diz Tim Gunn no programa de televisão *Project Runway*: "Concentre-se, pessoal!" Escolha uma coisa só, e não sete. O cérebro emocional gosta do que é simples. Fazer muita coisa aciona a parte de nosso cérebro que diz "vamos desistir e voltar aos nossos velhos e conhecidos hábitos".

Fazer muita coisa também não oferece a estrutura de que o cérebro pensante precisa para se concentrar. Os novos caminhos neuronais são criados por meio da *repetição*. Para criar um novo hábito, você precisa se concentrar a fim de mantê-lo na mira o tempo todo, até não precisar mais pensar nele de forma consciente. Se você estiver mentalmente disperso, seus neurônios queimarão uma sequência para você comer de forma saudável, outra para ser mais paciente, outra para o tango e ainda outra para arrumar o armário – e nenhuma é suficiente para tornar o comportamento automático. O esforço é tão grande que você volta aos velhos hábitos.

Isso não significa que você não pode trabalhar em mais de uma coisa. Mas seu trabalho precisa girar em torno de um foco, como sentir-se melhor por ter comido da maneira correta e por ter se exercitado mais. Ou tornar-se mais feliz por cultivar as emoções positivas de gratidão e otimismo, em vez de preocupação e pessimismo.

Aprendi com minha irmã Stephanie uma ótima maneira de criar esse foco. É dar um nome ao ano: o ano do corpo; o ano de aprender a dizer não; o ano dos projetos domésticos. Stephanie faz isso há décadas todos os dias de ano-novo. Dessa forma, ela usa a tendência do neocórtex de criar quadros, ou histórias, para dar sentido ao que, de outra maneira, seriam circunstâncias e dados aleatórios que teria diante dela. Criamos inconscientemente esses quadros o tempo todo. Mas quando o fazemos de forma intencional, damos ao nosso pensamento algo para ele consolidar e assim aumentar a probabilidade de realmente fazermos o que desejamos.

O quadro passa a ser um lembrete e um motivador. Se este é o ano dos projetos domésticos, o que vou fazer hoje para cumpri-los? Uma vez realizada essa tarefa, o que faço em seguida? Esse processo se torna uma espécie de estrela-guia para não perdermos nosso caminho em meio aos milhares de distrações e ocupações do dia a dia.

Gostaria de incentivá-lo a criar um nome para o próximo período em que você vai concentrar sua intenção. Não precisa ser um ano. Pode ser um mês. Ou uma semana. Pode ser sobre algo muito específico – a semana livre das sobremesas – ou algo mais genérico, desde que tenha um tema coeso: agora serei mais positivo. Você não precisa saber ainda os passos que vai tomar para atingir seu objetivo. Apenas defina um foco.

LIVRANDO-ME DAS DÍVIDAS: "EU SÓ PENSAVA NISSO"

"Eu era um rapaz solteiro, vivia em uma cidade grande e gastava tudo o que ganhava", conta Ed. "Tinha um empréstimo estudantil e muitas dívidas no cartão de crédito. Meu carro de 10 anos começou a quebrar e percebi que eu não tinha recursos para comprar outro. Uma noite, quando me queixava para meu colega de quarto, ele me fez perceber que talvez eu não tivesse dinheiro porque sempre comia fora. Fiz os cálculos e percebi rapidamente que, se começasse a comer em casa, teria dinheiro suficiente não só para pagar um carro, mas para saldar em um ano meu empréstimo estudantil. Passei a só pensar nisso. Como não era um grande cozinheiro, enchi os armários de cereais e ingredientes para fazer sanduíches, e a geladeira, de hambúrgueres e frango. Piquei o cartão de crédito para não ser tentado a usá-lo. É claro que eu frequentava restaurantes de vez em quando, mas, ao manter o foco no objetivo de mudar minha situação financeira, consegui me livrar das dívidas. E agora tenho orgulho de ser o proprietário de um Prius, do qual já paguei a metade."

Se o elevador estiver quebrado, use as escadas

O elevador para o sucesso está quebrado!
Você precisará usar as escadas... um degrau de cada vez.

– JOE GIRARD

Meu marido, Don, não joga nada fora. Só consigo dividir com ele o mesmo espaço em que vivemos porque Don tem uma sala inteira para guardar suas coisas. Olhar aquela sala me dá náuseas. Ele vem juntando objetos e papéis ao longo da maior parte de seus 50 anos. De vez em quando, Don se queixa do caos e desaparece no meio da bagunça durante horas. Mas nunca vejo o que considero progresso na arrumação. Felizmente, aprendi a manter os olhos e a boca fechados. (Bem, na maioria das vezes.)

Durante o feriado de Natal deste ano, ele decidiu dar um jeito na bagunça de uma vez por todas. Mais uma vez, desapareceu durante horas. Por fim, saiu e declarou: "Depois desse tempo todo, só consegui achar duas coisas que estou a fim de jogar fora." Fiquei calada.

Uma semana depois, ele declarou: "Já sei qual é o problema. O caos é tamanho que chega a ser insuportável. Nem sei por onde começar. Assim, decidi que vou jogar fora uma coisa por dia. Basta fazer isso para resolver a questão."

Homem esperto. Descobriu um segredo para a mudança: um pequeno passo de cada vez. Não importa qual seja o passo. Apenas dê um passo, mesmo que seja pequeno. Depois dê outro. Repita até chegar aonde você deseja.

Essa é uma grande técnica não só para arrumar a desordem, mas para qualquer tarefa que pareça massacrante. Você quer perder 20 quilos? Concentre-se em perder 1 quilo cortando as frituras. Um cliente meu perdeu quase 8 quilos fazendo só isso. Ou passe a comer maionese light. Uma cliente que perdeu 19,5 quilos começou assim. O sucesso que ambos tiveram com essa primeira mudança pequena permitiu-lhes continuar até alcançarem seu objetivo.

Você quer mudar de profissão? Faça um curso, leia um livro, ou converse com alguém. Depois, pense no pequeno passo que dará a seguir. Você quer escrever um livro? Comprometa-se a escrever uma linha por dia. Do contrário, a tarefa poderá parecer tão desanimadora que você nunca vai começar.

Essa técnica tem um nome – *kaisen*, uma estratégia japonesa para a mudança que se baseia em avanços pequenos e contínuos. Na verdade, ela surgiu nos Estados Unidos no início da Segunda Guerra Mundial e foi introduzida no Japão após a guerra. A técnica funciona por causa da estrutura cerebral sobre a qual escrevi em "Preparando-se para mudar". Toda vez que começamos uma mudança, ainda que seja positiva, ativamos o medo em nosso cérebro emocional. Se o medo for muito grande, a reação de luta ou evasão será estimulada e fugiremos do que estamos tentando fazer. Os pequenos passos da técnica kaisen não desencadeiam a luta nem a fuga. Em vez disso, mantêm-nos no cérebro pensante, onde temos acesso à nossa criatividade e diversão.

E quando dizem pequeno, eles querem dizer *pequeno* mesmo. Médicos como Robert Maurer dão tarefas, como limpar apenas um dente com fio dental para quem deseja criar o hábito de usar o fio dental, ou caminhar por um minuto sem sair do lugar para a pessoa que deseja aprender a fazer exercícios. Você quer uma prova científica? Pesquisadores da Universidade de Bristol dividiram 78 pessoas em dois grupos. Disseram a um dos grupos que desse 10 mil passos por dia e ao outro, 2.500 passos. Que grupo alcançou a meta com mais frequência? O grupo dos 2.500 passos teve duas vezes mais êxito do que o outro.

Dividir a tarefa em pequenos passos nos dá a chance de ter sucesso, o que nos estimula a continuar. É também um excelente antídoto contra a protelação. Você não precisa fazer tudo, apenas uma coisinha. Um dia desses, ouvi Don dizendo para Ana: "Não posso brincar com você antes de entrar na minha sala e jogar duas coisas fora, porque não joguei nenhuma ontem." O fato de ser pequena permite que a tarefa continue sendo feita mesmo quando você falha, porque não se forma uma montanha de erros. Don levou dois minutos para colocar a tarefa em dia. E com o método diário de pequenos passos, depois de apenas 10 dias, a sala já estava irreconhecível.

Qual é o primeiro pequeno passo em direção ao que você deseja? Vá em frente – não desanime. O sucesso que você tiver com esse pequeno passo lhe dará a coragem e o entusiasmo para perseverar e talvez ir mais longe. Uma vez dado o primeiro passo, defina qual será o segundo. Como disse certa vez o grande treinador de basquete John Wooden: "Quando você melhora um pouco a cada dia, no final, grandes mudanças começam a acontecer... Procure melhorar um pouco um dia de cada vez."

EXERCITANDO-SE: "POR MEIO DE PEQUENOS PASSOS, DESENVOLVI MINHA CAPACIDADE"

"Durante décadas fugi de exercícios como o diabo foge da cruz", diz a escritora Susannah Seton. "Só quando não dava para ignorar as dores na coluna é que eu me arriscava a fazer um alongamento. Até que cheguei aos 50 anos e a crise da meia-idade, finalmente, atingiu a parte de trás do meu corpo.

Tinha chegado a hora de encarar a dor com coragem. Jurei fazer 30 minutos de exercícios três vezes por semana. Associei-me a um centro de treinamento que prometia exercícios para o coração e fortalecimento na mesma sessão. Não dava para enganar – eu só podia passar para a próxima sequência quando a voz gravada mandasse. Fiz isso durante um ano. No ano seguinte, depois de ter cumprido, na maioria das vezes, a promessa que fiz a mim mesma, fui mais longe – 30 minutos *todos* os dias. Mais uma vez, consegui na maioria das vezes (75% a 80% do tempo). Por isso, neste ano, jurei novamente exercitar-me 30 minutos por dia, mas agora me matriculei em uma academia com uma variedade muito mais ampla de aparelhos para acompanhar os níveis de preparo físico, os batimentos cardíacos, etc. Se no início eu tivesse tentado ir todos os dias a essa academia de machões, não teria resistido uma semana. Mas, por meio de pequenos passos, desenvolvi minha capacidade e confiança para aguentar firme ali com os verdadeiros atletas."

Crie um grande desafio para si mesmo

Espero fazer com que pessoas como eu lembrem que cada um de nós tem a força e a capacidade de realizar tudo o que quiser. Perder peso é uma escolha, assim como permanecer nessa situação terrível. Eu decidi viver! Se pensar nisso, você verá que se trata de uma decisão simples.

– STEVE VAUGHT

Alguns meses antes de completar 40 anos, Steve Vaught, que pesava quase 186 quilos, levou um solavanco para voltar à realidade: se não perdesse *muito* peso, não chegaria aos 50. Como "tinha um casamento feliz e era pai de duas crianças maravilhosas", como ele mesmo diz, aquele não era o futuro a que queria se submeter. Nenhuma dieta ou programa de exercícios tinha funcionado, porque ele era especialista em racionalizar. Assim, decidiu criar a "reabilitação para o gordo": tirou seis meses para atravessar os Estados Unidos a pé, de sua cidade natal, San Diego, à cidade de Nova York.

Enquanto escrevo, faz pouco menos de um ano que ele partiu. Está em Wheeling, na Virgínia Ocidental, tendo percorrido quase 3.900 quilômetros a pé. Levou mais tempo por várias razões, entre elas uma lesão no joelho e fraturas causadas pelo esforço. Perdeu mais de 45 quilos e aprendeu uma grande lição: "Perder 46 quilos é significativo e importante, mas depender de um número ou tornar-se escravo da balança é a maneira mais certa de não perder peso. Aprendi a avaliar minha saúde não por meio de uma balança, mas por uma escala de harmonia mental. Quando você aceitar que tem o controle de sua vida e de seu peso... e trabalhar para curar a base emocional do problema de peso, descobrirá que o corpo cuidará de si mesmo... Resumindo: cure a mente que a bunda virá atrás!"

O fato de Steve estabelecer intuitivamente um padrão de exigência muito alto para si mesmo confirma determinadas pesquisas que mostram que as mudanças drásticas podem, em certos casos, ser mais eficazes do que as pequenas. Pacientes cardíacos que seguiam a dieta rígida, pobre em gordura, de Dean Ornish, por exemplo, tiveram mais êxito para manter a dieta e os planos de exercícios ao longo do tempo do que os que foram aconselhados a seguir uma abordagem mais moderada. Pesquisadores especulam que isso acontece porque, com uma mudança drástica, o indivíduo obtém resultados mais rápidos e, consequentemente, é recompensado por se sentir melhor, o que o estimula a continuar.

Penso que a mudança radical funciona melhor em determinadas situações do que em outras – ou seja, quando se trata, de fato, de uma questão de vida ou morte. Pessoas submetidas à cirurgia de ponte de safena, pessoas que sofreram infartos, pessoas com sérias dependências químicas e mulheres e homens obesos como Steve têm de mudar para não morrer. É apenas isso. Os meios-termos não vão adiantar nessas circunstâncias. Mas em situações menos drásticas, a abordagem dos pequenos passos pode dar melhores resultados.

Imagino também que algumas pessoas realmente se saiam bem com um objetivo que envolva um grande esforço, enquanto outras se sintam imediatamente desmotivadas diante da enormidade da tarefa. Por exemplo, uma cliente que jurou fazer 20 minutos de exercícios três vezes por semana não teve êxito. "É tão pouco que tenho a tendência de deixar para lá", explicou. Quando aumentou o tempo para uma hora três vezes por semana, obteve resultados melhores. Quanto a mim, a simples ideia de fazer uma hora inteira de exercícios provoca náuseas. Eu me saí melhor quando comecei com 30 minutos três vezes por semana.

Você não sabe ao certo que abordagem deve experimentar?

Leia o próximo capítulo, "Siga sua fórmula de sucesso". Talvez lá você encontre dicas. Se não encontrar, escolha uma abordagem, experimente-a e, se não estiver funcionando, passe para outra. E se quiser uma dose de inspiração, visite o site www.thefatmanwalking.com para ler mais sobre a aventura de Steve.

MUDANDO SUA VIDA PARA MELHOR: "ESTOU VIVENDO A VIDA QUE QUER VIVER EM MIM?"

"Eu estava em um retiro quando a líder Dawna Markova fez aquela pergunta capaz de mudar uma vida", explicou Holly. "'Estou vivendo a vida que quer viver em mim?' A resposta ocorreu-me no mesmo instante: não. Eu estava acima do peso, fumava, nunca fazia exercícios, tinha um relacionamento que não levava a lugar algum, odiava meu emprego e a cidade onde vivia e estava cercada de pessoas exatamente iguais a mim. Sou muito influenciável. Percebi que precisava viver em um ambiente mais saudável, onde a maioria das pessoas fizesse exercícios e comesse de maneira correta para manter o estilo de vida que desejava. Ligar-me a um ambiente que me inspirava e ouvir minha intuição provocou uma reviravolta em minha vida. Mudei de cidade, parei de fumar, agora faço exercícios todos os dias, alimento-me melhor e caminho com amigos, em vez de ir a um bar. Arrumei um emprego que adoro e descobri uma maneira completamente nova de interação social – esse é um lugar onde as pessoas levam sua própria comida para as festas. Agora, depois de cinco anos, estou muito feliz por ter dado o salto que mudou minha vida para melhor. Meus bons hábitos são simplesmente isto – hábitos. Às vezes cometo deslizes, mas sei voltar rapidamente à ação positiva."

Siga sua fórmula de sucesso

A arca foi construída por amadores e o Titanic,
por especialistas. Não fique à espera de especialistas.

– MURRAY COHEN

Recentemente, li que quando o cantor e compositor Billy Joel luta contra o bloqueio de compor, não procura um psiquiatra ou um médico. Em vez disso, ele veste as roupas que usava quando compunha no passado, vai ao café onde antes compôs algo de qualidade, pede a mesma bebida e usa a caneta e o bloco que lhe trouxeram sucesso.

Como foi que você mudou um hábito ou aprendeu algo novo no passado? Essa é uma pergunta fundamental quando você deseja operar uma transformação. Infelizmente, muitas vezes nos afastamos do recurso usado em nossos sucessos passados por causa da capacidade que a mente tem de compartimentar, o que significa que levantaremos muros para separar uma experiência da outra: *aquilo* tinha a ver com aprender tênis e *isso* tem a ver com preparar refeições mais saudáveis para minha família. Como as experiências se encontram em categorias tão diferentes, não vemos de que forma os êxitos de uma podem estar relacionados com os de outra.

Também não seguimos nossa fórmula de sucessos passados porque temos a tendência de procurar respostas fora de nós. Não faltam especialistas para nos dizer como, quando e onde devemos fazer todas as coisas imagináveis. Isso nos leva a experimentar a receita para o sucesso de outra pessoa, em vez de seguirmos a nossa. Muitos se concentram tanto em conselhos externos que desconhecem sua fórmula particular de sucesso.

Esse é um grande problema, porque nossos sucessos passados são uma fonte que nos permite ter sucesso no presente. Conhecer sua fórmula pode ajudá-lo a descobrir os passos que você deve dar e as armadilhas que deve evitar. E a melhor notícia é que a cada vez você aprende mais rápido, porque é muito mais fácil para o cérebro usar algo que ele já sabe fazer e aplicá-lo a uma nova situação do que criar um caminho completamente novo.

Para aplicar sua fórmula de sucesso é preciso derrubar as pequenas paredes que existem em sua mente entre uma coisa e outra e acreditar que seu melhor especialista é você mesmo. Está disposto a fazer uma tentativa? Comece pensando em qualquer coisa do passado que você se sentiu motivado a aprender e aprendeu. Pense depois no modo *como* você aprendeu. Faça isso com outra coisa, depois com outra. Surge um padrão?

Por exemplo, aprendi a ser muito mais agradecida. Aprendi primeiro inspirando-me ao ler o que os outros escreveram e depois criando duas práticas muito simples para fazer diariamente (dar graças antes de jantar com minha família e lembrar-me de coisas pelas quais sou grata sempre que começo a me preocupar com algo). Ao observar outros hábitos que criei, percebo que fiz exatamente a mesma coisa para aprender a ser mais generosa e paciente, a me irritar menos e até a ficar em forma. Leio em busca de inspiração, crio depois uma ou duas práticas e então as aplico.

Ao examinar meu padrão, percebo outra coisa. Parte de minha fórmula para o sucesso é que, quando escolho uma prática, eu a sigo. Ainda estou fazendo todas as práticas que adotei para controlar a raiva, desenvolver a generosidade, a gratidão, a paciência e fazer exercícios físicos. Procuro não adotar outros procedimentos, simplesmente persevero naquilo com que me comprometi. Pensando nisso, foi assim que escrevi todos os meus livros. Leio tudo sobre o assunto e depois me sento na frente do computador todos os dias. Não me pergunte se sinto vontade de me levantar no sábado e ir para o computador. É claro que não. Mas eu me forço a fazer isso. E me sinto bem por conseguir.

Não se entusiasme achando que encontrou o segredo do sucesso. Esse é o *meu*. Conheço pessoas que detestam rotina e cuja fórmula para o sucesso consiste em misturar tudo, fazendo diversas coisas para não ficarem entediadas. Conheço outras que nunca começam pela leitura; mergulham de cabeça em algo e se adaptam à medida que avançam. Conheço outras ainda que, primeiro, precisam pesquisar e comprar os melhores equipamentos.

O importante é que você descubra sua própria fórmula para poder usá-la agora. Ao relembrar sucessos do passado, *como* foi que você fez para aprender algo? Peça ajuda a um amigo querido ou a um familiar se estiver com dificuldade para lembrar. Quando descobrir o padrão, pense em como aplicá-lo para dar os passos necessários para criar esse novo hábito.

Defina sua intenção com firmeza

A verdade é que, seja qual for o jogo em que você esteja, independentemente de ter sorte ou não, você pode mudar completamente sua vida com um único pensamento.

– DAVID GREGORY ROBERTS

Nos últimos seis anos, minha amiga Linda teve sérios problemas de saúde que a deixaram com pouca energia e capacidade para tocar a vida. Este ano, ela decidiu que quer ter mais saúde. "Há pouco tempo me dei conta de como uma intenção positiva é poderosa", ela me explicou. "Acredito piamente que realizamos aquilo em que nos concentramos com persistência. Quando você não se sente bem, é fácil mergulhar em preocupações e se concentrar na ideia de que nunca ficará bem. Por isso, uso conscientemente uma intenção diária para manter meu foco naquilo que quero, e não no que não quero. Veja o que faço. Quando acordo de manhã, independentemente de como eu esteja me sentindo, procuro o que me faz bem. Em vez de me concentrar na dor de cabeça, por exemplo, eu me concentro no fato de minhas pernas estarem funcionando bem. Depois me lembro de que minha intenção é me sentir bem hoje. À medida que o dia passa e vou fazendo escolhas, eu me pergunto: Essa comida vai me fazer bem? Esse exercício vai me fazer bem? Essa conversa vai me fazer bem?"

Gosto da filosofia de Linda. É uma forma simples, porém muito eficaz de usar a intenção como se ela fosse a estrela-guia, uma forma de perceber o que você já conquistou do que deseja e se orientar ao longo do dia para conseguir mais.

Comecei a sugerir o método de Linda para meus clientes.

Para a mulher que queria mais paz, sugeri que reparasse com gratidão na paz que já estava sentindo, definisse sua intenção de paz durante o dia e se perguntasse, nos momentos de fazer escolhas, se aquela ação ou situação lhe traria mais paz. Quando recebesse um e-mail desagradável de um colega de trabalho, ou um telefonema da mãe exigindo sua presença em um evento familiar no fim de semana, ela se perguntaria: "Que resposta me traria mais paz?" Isso lhe permitiu deixar de lado coisas que normalmente a perturbariam e reagir de uma forma mais atenciosa com colegas de trabalho e familiares. Mas sempre priorizando aquilo que lhe traria paz.

Ao homem que queria ser mais magro sugeri que, logo pela manhã, tomasse consciência dos alimentos saudáveis que tinha comido até aquele momento, definisse sua intenção de comer bem naquele dia e depois fizesse suas escolhas de acordo com tudo isso. "Comer isto vai me ajudar na minha intenção de ser mais magro?" é o que ele se pergunta agora antes de colocar qualquer alimento na boca.

O que esses clientes descobriram é que essa simples prática tornou mais fácil chegarem aonde queriam. Isso acontece porque um de nossos maiores aliados para a transformação é a intenção – o impulso para fazer algo diferente. Intenção não é um simples desejo – é a *determinação* de fazer. A intenção permite que não sejamos prisioneiros do passado, mas criemos um futuro melhor por meio dos pensamentos no presente. Com a intenção, indicamos para nós mesmos que vamos fazer algo, aconteça o que acontecer. E, ao percebermos onde e quando já alcançamos o que pretendíamos, reconhecemos que o que estamos procurando já existe dentro de nós. É uma questão de concentrar nossa intenção para que ela possa ficar ainda mais forte e tomar as medidas que fazem com que ela se realize.

Uma forma eficaz de dar força à intenção é criar algum tipo de ritual para marcar nosso compromisso. Isso é particularmente útil se já tentamos fazer determinada mudança. Por exemplo, Joan fumava havia mais de 20 anos. Ela parava por breves períodos de tempo e logo recomeçava. Mas soube que estava parando definitivamente no dia em que ela e duas amigas decidiram enterrar os cigarros. Foram à encosta de uma montanha e fumaram pela última vez. Depois, enterraram os cigarros e os fósforos, e declararam sua intenção de viver sem cigarros.

Já se passaram quase 20 anos desde esse dia e Joan nunca mais tocou em outro cigarro. Acredito que a cerimônia ajudou muito. Quando declaramos "Vou fazer tal coisa" e sustentamos essa declaração com algum tipo de cerimônia, envolvemos todo o nosso cérebro naquilo que queremos. Declarar uma intenção é uma atividade lógica e analítica do lado esquerdo do cérebro. Expressar essa mesma intenção em um ritual envolve o lado direito do cérebro, onde residem as imagens e os símbolos. Com ambos os lados ativados, temos mais chance de sucesso.

A cerimônia não precisa ser elaborada. Pode ser algo simples, como escrever no papel aquilo a que você está renunciando e depois queimá-lo. Ou encontrar uma pedra em forma de coração que represente sua intenção de cuidar bem de si mesmo e arrumar um lugar especial para colocá-la. Pense se gostaria de chamar outra pessoa para participar. A presença de testemunhas, como em um casamento, ajuda a confirmar que você realmente tem essa intenção.

Recorra ao poder da intenção para ajudá-lo a ter sucesso. Como disse certa vez Abraham Lincoln, que perdeu várias eleições antes de se tornar presidente: "Tenha sempre em mente que sua própria determinação de vencer é mais importante do que qualquer outra coisa."

AUMENTANDO A AUTOESTIMA: "GOSTANDO MAIS DE MIM AMANHÃ"

"Venho trabalhando com um personal trainer que realmente me ajuda a ter uma forma física melhor", disse Michael. "Mas, mentalmente, me sinto meio deprimido, enquanto ele está sempre otimista. Um dia, perguntei qual era seu segredo. Ele me disse que, antes de ir para a cama, pergunta a si mesmo: 'Como posso viver para que amanhã seja um grande dia?' Isso o ajuda a se concentrar no que realmente deseja. Inspirado por meu instrutor, comecei a dizer a mim mesmo, todas as noites, que minha intenção é gostar mais de mim no dia seguinte. Afirmar essa intenção me ajuda a acordar com um estado de espírito mais positivo e a tomar medidas que a concretizem. Antes de dormir, faço uma análise do dia e mais uma vez declaro minha intenção. Até minha esposa percebeu a diferença no meu estado de espírito."

Crie uma meta INTELIGENTE

Metas são sonhos com prazos.

– DIANA SCHARF HUNT

Alice, uma executiva que se ocupa intensamente trabalhando em uma revista, recentemente decidiu aprender a tocar violão. "A princípio, fiquei frustrada com o fato de não ter sete horas por semana para me dedicar ao estudo", explicou, "e que por isso nunca seria tão boa como desejava. Mas resolvi não me preocupar. Terei uma aula semanal de uma hora durante seis meses e estudarei 15 minutos por dia. Estou adorando!"

Alice entendeu intuitivamente a melhor coisa que já aprendi sobre como ajudar pessoas e organizações a mudar: você deve criar metas que sejam INTELIGENTES: ESPECÍFICAS, MENSURÁVEIS, ALCANÇÁVEIS, RELEVANTES e COM LIMITE DE TEMPO. Sem esses cinco elementos, pode ser muito difícil alcançar o sucesso.

ESPECÍFICA significa escolher algo que você possa identificar. "Aprender violão" é específico – você sabe o que precisa fazer. "Tornar-se uma pessoa melhor" não é específico. O que você quer dizer com isso? Como saberá se conseguiu? Quando criamos uma meta vaga, corremos o sério risco de fracassar, pois nunca sabemos ao certo quando cruzamos a linha de chegada. Assim, procure ser o mais específico possível – por exemplo, "vou aprender a dizer não", em vez de "vou aprender a colocar limites", ou "todos os meses, vou reservar um fim de semana só para mim", em vez de "vou arrumar um tempo para mim".

MENSURÁVEL significa simplesmente isto – que pode ser medido. As pessoas que me procuram querem "mais": "mais paciência", "mais tempo com os filhos", "mais felicidade". Sempre pergunto: "E como se mede isso?" Medir é fundamental, porque permite avaliar nosso progresso. É fácil medir se sua meta é deixar de fumar ou perder 9 quilos. Mas é possível criar uma medida para qualquer coisa. Acabei de discutir com um cliente uma medida para avaliar o progresso de seu desejo de encontrar um novo relacionamento. A solução foi controlar o número de conversas que ele tem por semana com novas mulheres.

Pensar em medidas ajuda a entender que a questão pode ser externa (quilos, dinheiro, dias, pressão baixa, etc.) ou interna (uma sensação de serenidade ou paz interior, mais energia ou entusiasmo). Os números para a primeira categoria são óbvios. Mas quando você está medindo algo interno, é preciso colocá-lo em uma escala, por exemplo, de -5 a +5, sendo -5 o pior que você já se sentiu e +5 o melhor.

Deixe-me dar um exemplo. Imagine que você queira conseguir ser mais tolerante com determinados parentes. Primeiro você precisa verificar qual é o seu nível de exasperação no convívio com eles e constatar que é elevado, digamos -4. Você decide que sua medida de sucesso será fazer esse número chegar a +3, sentindo-se mais calmo e tolerante. Dessa forma, saberá quando pode dizer que teve sucesso – quando alcançou o nível +3 na presença desses parentes.

ALCANÇÁVEL significa ser realista com relação ao que é possível. Apesar do que as revistas prometem, você não vai perder 11 quilos em uma semana. Tentar algo simplesmente impossível é candidatar-se ao fracasso. Observe sua vida e decida o que pode realizar dentro do razoável. Foi o que Alice fez muito bem. Ela sabe que, dadas as circunstâncias de seu trabalho, não se tornará uma concertista. Por isso, estabeleceu uma meta mais alcançável – aprender violão o bastante para se divertir.

RELEVANTE significa algo que seja importante para você. Como vimos em "Preparando-se para mudar", se você não tiver uma boa razão para fazer alguma coisa, é muito fácil desistir. É preciso saber por que sua escolha é importante para você.

COM LIMITE DE TEMPO significa criar um momento no futuro que indique que você terminou a tarefa. Alice vai estudar violão por seis meses. Determinar um prazo permite-lhe ter algo como alvo. Mesmo que seja uma atividade que você está planejando fazer para sempre, estipular um prazo muitas vezes ajuda para que a tarefa não pareça tão massacrante. Então, quando chegar ao "fim", você poderá definir outro prazo, caso seja necessário.

Ao criar uma meta INTELIGENTE, você saberá quando a alcançou, o que é fundamental para lhe dar uma sensação de satisfação e de conclusão. Sem essa sensação de conclusão, é fácil permanecer em um constante estado de insatisfação com você mesmo. Isso é perigoso, porque não só anula seu verdadeiro sucesso, mas faz com que seu cérebro emocional fique desanimado ao tentar aprender qualquer outra coisa. Por outro lado, ao estabelecer e alcançar uma meta INTELIGENTE, você não só sente a alegria de ter feito um bom trabalho, como sua capacidade de lidar com qualquer outra situação fica reforçada.

Como treino, observe a diferença entre duas genuínas decisões de ano-novo que ouvi recentemente. A decisão de Jeff é "perder 700 gramas por mês até o final do ano". A de Mort é "passar mais tempo de qualidade com minha esposa, sem as crianças". De quem é a decisão INTELIGENTE? A de Jeff. A decisão dele é específica, mensurável, alcançável (especialistas dizem que você pode perder de 500 gramas a 1 quilo por semana, por isso, em um mês, a meta é viável), relevante (ele é árbitro dos jogos de futebol da filha e deseja poder correr com facilidade) e tem um limite de tempo. Por outro lado, se Mort realmente deseja cumprir sua decisão, ele precisa torná-la mais específica e mensurável.

Carol Dweck, professora de Stanford, descobriu algo similar ao observar a diferença entre pessoas com uma orientação voltada para o crescimento e aquelas com uma orientação estática.

Quando faziam planos, as pessoas orientadas para o crescimento incluíam o quê, onde, como e quando em seu pensamento. As pessoas com uma orientação estática faziam planos baseadas apenas na força de vontade, dizendo: "Vou fazer isso." Adivinhe que grupo teve mais sucesso?

É hora de você criar uma meta INTELIGENTE. Como a de Jeff, ela deve ser específica, alcançável e extremamente relevante para você e ter uma técnica e um momento para ser medida, bem como um prazo. Agora vamos observar como se elabora essa meta INTELIGENTE.

USANDO SUAS METAS INTELIGENTES

Aqui está um exemplo de como transformar o desejo de extravasar seus sentimentos de forma criativa em uma meta INTELIGENTE:

ESPECÍFICA: Criarei um blog político e escreverei todos os dias.

MENSURÁVEL: Todo domingo à noite, vou fazer uma retrospectiva e contar quantas vezes escrevi durante a semana.

ALCANÇÁVEL: Essa é uma coisa para a qual tenho tempo, porque posso escrever quanto quiser.

RELEVANTE: Trabalho NISSO para o governo, e realmente quero um espaço para expressar minhas opiniões políticas. Além do mais, quero praticar constantemente o hábito de escrever para poder pensar em escrever um livro.

COM LIMITE DE TEMPO: Vou avaliar meu progresso daqui a 30 dias e, a partir daí, fazer uma reavaliação periódica.

Faça um contrato com você mesmo

A qualidade nunca é um acidente; é sempre o resultado de uma intenção nobre, um esforço sincero, uma orientação inteligente e uma execução habilidosa.

– WILLIAM A. FOSTER

Meu telefone tocou uma noite dessas. Era Dave, um jovem com síndrome de fadiga crônica que tinha lido todos os meus livros e pedia para ser atendido por mim, depois de passar por vários conselheiros e terapeutas. "Como você trabalha?", perguntou ele de cara. "Bem, você faz um contrato sobre o que deseja mudar em sua vida em três meses e depois trabalhamos juntos para concretizar essa mudança", expliquei. "Nunca ninguém me pediu para fazer isso", disse ele, incrédulo. "Talvez seja por essa razão que você não conseguiu os resultados que deseja", respondi. "De acordo com minha experiência, um contrato faz com que você fique centrado no resultado desejado e aumenta sua probabilidade de sucesso."

Dave ficou em silêncio do outro lado da linha. Estava habituado a terapias sem prazos definidos e que se concentravam principalmente na exposição de seus problemas. Eu o estava desafiando a descobrir que mudança ele se dispunha a fazer para que eu pudesse ajudá-lo a realizá-la. "Deixe-me pensar", disse Dave finalmente.

Você está mais avançado do que Dave. Já descobriu sua fórmula do sucesso e criou uma meta INTELIGENTE. Agora é hora de juntar tudo, fazendo um contrato com você mesmo que também inclua as estratégias que usará para atingir sua meta. Por que fazê-lo por escrito? Porque, segundo muitas pesquisas, fazer um contrato por escrito com relação à mudança realmente ajuda as pessoas a cumpri-lo. Constatou-se que isso ajuda as crianças a estudarem mais, impede suicídios, incentiva as pessoas a se exercitarem regularmente e mantém os desempregados motivados enquanto procuram emprego. Comece com algo *realmente* pequeno e a curto prazo, se for mais motivador. (Você se lembra do *kaisen*?) Quando o contrato expirar, faça outro, incorporando nele o que aprendeu com o primeiro. Ou escolha algo realmente grande, se você acreditar que será mais eficaz.

Ao criar seu contrato, sugiro que peça a uma testemunha que o assine também, assim como acontece com outros tipos de contratos. Isso é importante porque ajuda a sinalizar para você mesmo a seriedade com que está empenhado nessa mudança, e aumenta a probabilidade de continuar. Como me disse uma amiga, "para não ficar mal diante daqueles com quem eu tinha falado sobre o assunto, eu me senti obrigada a seguir em frente".

Lembre-se de recorrer à sua fórmula de sucesso e incluir as estratégias que usará para alcançar sua meta. Essas são as medidas que você vai tomar para obter os resultados que deseja. No contrato a seguir, em forma de exercício, as estratégias são dançar, correr e andar de bicicleta.

Você se lembra do rapaz no capítulo anterior que queria fazer um blog? Ele e eu estudamos seus sucessos anteriores e criamos estratégias que ele incluiu em seu contrato: levantar-se 15 minutos mais cedo e escrever pela manhã; ver quem visita o site para se sentir encorajado a continuar. No fim do mês, ele pode modificar essas estratégias dependendo dos resultados que estiver obtendo. Também o incentivei a se recompensar com algo que lhe dê prazer cada vez que se sair bem. Quanto mais recompensarmos o comportamento que desejamos, mais ele será reforçado.

UM CONTRATO SIMPLES

Aqui está um contrato de um cliente meu:

Eu, ____________________, vou me mexer todos os dias durante, pelo menos, sete minutos a partir de [data] até [data]. O movimento pode consistir em dançar, correr ou andar de bicicleta, qualquer coisa que faça acelerar o ritmo do meu coração e que eu possa fazer a qualquer hora do dia. Sempre que cumprir minha promessa, vou me elogiar antes de ir para a cama.

Assinado ____________________

Data ____________________

Testemunha ____________________

Acompanhe seu progresso

O segredo do sucesso é a constância para o objetivo.

– BENJAMIN DISRAELI

O sonho de Sarah era tornar-se uma conferencista mais confiante. Há pouco tempo, ela conseguiu um emprego que realmente queria e que exigia que frequentemente fizesse apresentações para grupos de pessoas. Quando criou sua meta INTELIGENTE, ela decidiu medir o nível com que se sentia à vontade em uma escala de -5 a +5. Ela tivera vários compromissos para falar em público desde nossa última sessão. Perguntei-lhe como estavam as coisas. "Não tenho certeza", respondeu ela. "Ainda é muito assustador."

"Mas você já conseguiu avançar em relação ao nível -5?", perguntei.

"Não sei", confessou ela. "Acho que não."

Sarah é como tantos de nós que tentam mudar algo. Ela não sabia se tinha melhorado porque não vinha registrando seu progresso. Como a mudança acontece em pequenos saltos, a menos que você acompanhe seus passos, não conseguirá ver os progressos que possivelmente está fazendo. Isso se aplica principalmente a situações em que as medições são internas – sentir-se mais confiante ou menos preocupado, por exemplo.

Ao criar sua meta INTELIGENTE, você já descobriu *o que* vai avaliar – quilos, sensação de bem-estar físico, horas de sono, número de vezes em que mantém a calma com seus filhos. Agora, você precisa decidir quantas vezes deve fazer a avaliação, e de que modo irá acompanhá-la. Isso pode ser extremamente simples. Se sua meta for algo que você se comprometeu a fazer diariamente, como reservar alguns momentos para agradecer no final do dia, basta um gráfico com os dias anotados. Faça uma marca ao lado dos dias em que cumpriu seu compromisso para com você mesmo. Se for uma tarefa a ser realizada uma vez por semana – digamos, limpar sua mesa toda sexta-feira – faça uma marca em um calendário para acompanhar o progresso. Se quiser avançar de -4 a +4 quando pensar em viajar de avião, deve escrever o número toda vez que se preparar para uma viagem. Você também pode fazer um diário – segundo os pesquisadores, as pessoas que registram suas experiências em um diário alcançam seus objetivos mais rapidamente do que as que não têm esse hábito.

Não avance enquanto não descobrir um sistema de acompanhamento. Do contrário, você poderá ficar desanimado por não ver progressos suficientes, ou subestimar até onde conseguiu chegar. Acompanhar o que você conquistou o mantém ligado nos fatos reais e não no medo ou na falta de esperança: "Eu me comprometi a fazer isso sete dias por semana e só fiz quatro." "Eu disse que passaria um dia de cada fim de semana planejando meu novo negócio e fiz isso em três dos quatro últimos fins de semana."

As pessoas que não acompanham o próprio progresso não se saem tão bem como as que o fazem. Pode ter certeza. Quem acompanha os resultados se sai melhor não só porque se torna capaz de avaliar seu sucesso, mas porque pode examinar os dados que colhe para usá-los em busca de outros sucessos.

Isso acontece porque a verdade tem um grande poder libertador – desde que você a veja como informação, e não como uma oportunidade de autopunição. (Veja mais detalhes sobre esse assunto em "Continuando".) Por enquanto, comece a pensar como um cientista. Os cientistas não se martirizam pelo que não descobrem. Eles simplesmente observam, acompanham os resultados e tiram conclusões baseadas em fatos referentes às próximas ações, com base no que descobriram. Imite Thomas

Edison, o inventor da primeira lâmpada e criador de muitas outras invenções modernas. Como relatei em *O poder da paciência*, quando alguém classificou como fracassos suas 700 tentativas de criar a lâmpada, ele disse: "Não fracassei 700 vezes. Não fracassei uma única vez. Consegui provar que essas 700 maneiras não funcionam. Quando tiver eliminado todas as maneiras que não funcionam, descobrirei a que funcionará." Foram necessárias mil tentativas.

Depois de conversar comigo, Sarah decidiu ser mais científica em sua abordagem. Quando precisava falar em público, ela anotava seu número no dia anterior e no dia do evento. Ao analisar os dados, ela se deu conta de que ficava mais à vontade quando preparava a palestra vários dias antes, em vez de esperar até a véspera. Além disso, descobriu que ensaiar o discurso com um amigo na véspera do evento também ajudava.

A abordagem experimental pode funcionar com você também. "Ah, pensei que seria mais fácil se tentasse fazer essa atividade de manhã. Mas só fiz duas vezes nesta semana. O que aconteceria se eu a mudasse para o fim do dia? Vamos ver como me saio na semana que vem." Quanto mais objetivo você puder se manter, menos chance terá de cair no lamaçal do perfeccionismo ou do desespero, onde ficam presas tantas pessoas que desejam resolver situações e mudar hábitos.

De que tipo de apoio você precisa?

Por mais perfeita que possa ser a asa de um pássaro,
ela nunca lhe permitirá voar sem a sustentação do ar.
– IVAN PAVLOV

Eu estava fazendo uma viagem de ônibus de quatro horas pelo interior da Inglaterra. A cada hora, o ônibus parava e havia troca de motorista. Percebi que era um sistema que permitia que cada motorista não se afastasse muito de seu ponto de partida, pois mais tarde ele conduziria o ônibus de volta a esse local. Sempre que acontecia a troca, os motoristas compartilhavam informações sobre o itinerário: "Evite a M40; ela está engarrafada. Siga pela pista local, contorne a igreja e vá em frente mais 16 quilômetros até poder pegá-la novamente." Como cada um tinha estado no lugar para onde o outro estava indo, eles podiam trocar informações muito úteis. Que sistema de apoio simples! Imaginei que fora criado na época das carruagens e persistira por séculos.

Enquanto nos preparamos para viver a mudança que desejamos ver em nós mesmos, devemos aprender uma lição com os motoristas de ônibus ingleses. Precisamos encontrar um modo de permanecer próximos ao ponto de partida e aprender com os que já fizeram a viagem antes de nós. Receber apoio não significa que somos fracos ou incompetentes. Simplesmente significa que a estrada à frente é desconhecida, porque ainda não a percorremos. Se estivermos dispostos a aceitar apoio, podemos evitar muitos buracos e engarrafamentos que atrapalhariam nosso caminho.

Recentemente, eu estava conversando com um homem de 60 anos que durante toda a vida sonhara pilotar um avião e naquele momento estava se preparando para tirar o brevê. Ele sempre evitara pedir apoio e por isso estudou sozinho para fazer o teste escrito, mesmo sabendo como seria difícil. "Fui reprovado", admitiu, "e essa foi uma grande lição para mim. Percebi que, se quisesse realizar meu sonho, eu tinha de pedir ajuda. Conversei com minha esposa e pedi-lhe que revisse comigo a matéria todas as noites. Na segunda vez, passei com sucesso. Agora estou me preparando para fazer um teste de instrumentos de voo e ela continua me ajudando."

Não interessa quem você seja ou o que esteja tentando aprender. Quando estiver aprendendo algo novo, é melhor ter apoio, mesmo que seja o tipo de apoio que só sirva para fazê-lo lembrar sua intenção. Muitos ficam estagnados ou desistem porque acreditam que deveriam voar sozinhos e, consequentemente, caem e pegam fogo. Aprendemos que o fato de ignorar algo é sinal de fraqueza e por isso nos privamos de um dos componentes fundamentais para o sucesso: a ajuda externa.

Todos sabemos que, se quisermos aprender física, temos de procurar um livro ou uma pessoa para nos ensinar. Não há outra maneira. No entanto, quando se trata de mudar hábitos ou ir em busca de nossos sonhos, acreditamos que devemos, de algum modo milagroso, saber o que fazer e como fazê-lo sozinhos.

O apoio vem de várias maneiras – alguém que já passou pela mesma experiência antes pode ajudá-lo a evitar armadilhas; um companheiro que pratique com você; um grupo em que todas as pessoas estão trabalhando na mesma coisa; um amigo a quem você possa recorrer; um treinador que o oriente; um terapeuta capaz de ajudá-lo a descobrir sentimentos há muito enterrados; um grupo de consultores para orientá-lo a montar seu negócio.

A pergunta que você deve fazer quando estiver desejando efetuar uma mudança não é *Preciso de ajuda?*, mas *De que tipo de ajuda preciso?*. Melanie Griffith recentemente admitiu que chega a ir aos AA três vezes por dia para continuar sóbria. Uma amiga que está trabalhando para ser mais grata pelo que tem envia para sua irmã, no final de cada dia, um e-mail com a lista das coisas pelas quais é grata. A irmã responde com sua lista pessoal. Tenho uma amiga que é minha colega de ginástica. O simples fato de saber que ela estará na academia me ajuda a ir para lá. Certos clientes me deixam uma mensagem na secretária eletrônica todos os dias dizendo como estão progredindo no sentido de se tornarem mais otimistas ou organizados.

O apoio pode nos motivar, nos ensinar e fazer com que nos lembremos daquilo que estamos tentando realizar. A qualquer momento, você pode precisar de uma dessas formas de apoio. Uma das melhores coisas que o apoio externo pode fazer por nós é ajudar-nos a ser responsáveis e a criar prazos. Isso é fundamental quando o que você deseja concretizar parte de um desejo interior e não de um pedido externo. Organizar a casa, começar o próprio negócio, escrever uma autobiografia, perder 9 quilos – são coisas que você deseja fazer porque quer. Ninguém está exigindo isso de você. Sem uma pessoa a quem prestar contas, é fácil retroceder e se acomodar. Quando você participa de um grupo de escritores que se reúne às terças, e tem de aparecer com um texto, sua chance de escrever é maior. Quando seu amigo passa por sua casa para ir com você à aula de ioga, a chance de frequência aumenta. Quando vai se pesar em um centro de controle de peso às sextas, você tem mais chance de perder peso. As estruturas de apoio externo nos ajudam a cumprir as promessas que fazemos para nós mesmos. O Vigilantes do Peso, por exemplo, afirma que as pessoas que usam seu grupo de apoio têm três vezes mais chance de perder peso do que aquelas que tentam emagrecer sozinhas.

É claro que o apoio não precisa vir só de pessoas. Pode ser encontrado em livros, em músicas, na internet, em passeios de carro, em longas caminhadas, na natação, em citações inspiradoras – qualquer coisa que ajude você a fazer o que deseja na vida. Não despreze o apoio de substâncias químicas lícitas também.

A química de nosso cérebro tem muito a ver com as ações que fazemos ou não. Se você estiver seriamente deprimido ou muito ansioso, é difícil pôr-se em ação ou persistir. E se estiver propenso a comportamentos descontrolados de qualquer tipo – sexo, comida, bebida, compras –, pode ser que seu nível de dopamina esteja desequilibrado. Constatou-se que a dopamina inibe comportamentos impulsivos e sua função desregulada tem sido associada a vícios de todos os tipos.

Ao pensar neste exato momento na mudança que deseja fazer, de que tipo de apoio você precisa? Uma maneira de começar a responder à pergunta consiste em indagar a si mesmo: quando realizei determinada coisa no passado, quem ou o que me ajudou a fazê-la? Qualquer realização serve. Agora pense em outra. O que o ajudou a realizá-la? Pense em uma terceira. Surge um padrão do tipo de apoio de que você precisa?

O sonho de Elizabeth era comprar uma casa. Quando chegou a hora da mudança, muitos amigos se ofereceram para ajudar. Ela ficou completamente perdida, sem saber de que tipo de ajuda precisava, até se lembrar que, no passado, a melhor ajuda que tinha recebido fora de sua amiga Mona, "a voz da razão", como é chamada por Elizabeth. "Como sempre, em oito minutos ela me ajudou a traçar um plano de ataque. Então me entreguei feliz à tarefa da mudança."

Quando pensei em meu padrão de apoio, eis o que descobri: primeiro, recebo apoio quando leio histórias de outras pessoas que fizeram o que quero fazer. Depois, começo a praticar e a conversar com meus amigos sobre o que estou aprendendo. A troca de ideias me enriquece e reforça o que aprendi. Em seguida, escrevo a respeito, o que me ajuda a assimilar mais um pouco o que aprendi. Quando se trata de algo que não gosto de fazer, eu me saio melhor pedindo ajuda a um amigo para não meter os pés pelas mãos.

O que funciona para você?

NÃO TIVE MAIS MEDO DE VIAJAR DE AVIÃO

"Tive pânico de avião até os 60 anos", diz Annette Madden. "Eu normalmente evitava voar, ou virava dois copos de vinho antes de embarcar. Até que me interessei em pesquisar minha árvore genealógica e passei a ter vontade de voar com mais frequência. Quando me vi vomitando durante dois dias antes de um voo, tomada de ansiedade, decidi fazer alguma coisa. Bancar a forte tornou as coisas piores. Ouvir amigos dizerem que voar não era nada de mais foi inútil. Fazer cursos para controlar o medo de avião não me parecia legal. Por ser uma pessoa que já recorrera à terapia no passado, decidi experimentar a hipnose. Pedi a todos que eu conhecia que me recomendassem um bom hipnoterapeuta. Fiz quatro sessões. Então, ele gravou uma fita para eu ouvir antes do voo e enquanto estivesse no avião. Foi milagroso – não tive mais medo de voar!"

Vai parecer estranho no início

Você deve sair de sua zona de conforto atual e se familiarizar com o que é estranho e desconhecido.

– DENIS WAITLEY

Jon Carroll escreve para o *San Francisco Chronicle*. Leio seus artigos todas as manhãs. Um dia desses, sua coluna começava assim: "A novidade neste ano é que Tracy e eu estamos tendo aulas de valsa no Big Al's Brainlock Ballroom, onde os conceitos de 'esquerda' e 'direita' são muito mais sutis do que eu imaginava. Há coisas que realmente são difíceis de entender. No entanto, é extremamente divertido."

Agora você sabe por que gosto do Jon – ele é engraçado e inteligente. Ele sabe que *ninguém é muito bom* quando começa a fazer algo novo ou diferente.

Isso parece óbvio, mas é incrível como pode se tornar um obstáculo. Nós nos sentimos estranhos – desajeitados, como se tivéssemos dois pés esquerdos – e consideramos isso um sinal para desistirmos e voltarmos à nossa zona de conforto – aquilo que já conhecemos. Mesmo que seja uma cela de prisão, desejamos o conforto do que nos é familiar. Como diz uma amiga, "por mais tóxica que seja, não há nada como a nossa casa".

Mas, para aprendermos qualquer coisa, temos de trocar o conforto do conhecido pelo desconforto do que ainda não experimentamos. E devemos aceitar nossa incapacidade como o preço que pagamos para começar, acreditando que, tal como adolescentes, vamos crescer ao enfrentar o desafio e, se persistirmos, nos transformaremos em mestres.

Nunca me esquecerei da primeira vez que tive, como consultora, de fazer uma apresentação diante de um grupo de empresários. Que sufoco! Era uma empresa da Fortune 50 que estava pagando muito caro pelo desenvolvimento de líderes, e naquela semana eu acabara de abandonar meu trabalho de 25 anos como editora. Acho que me saí bem, pois fui convidada a voltar. Mas uma das pessoas que me viu fazer a apresentação seis meses depois observou que eu tinha melhorado consideravelmente. Então, é óbvio que minha falta de jeito inicial era visível. Porém, eu não teria a carreira que tenho hoje se não tivesse me disposto a passar pelo incômodo que sentimos quando começamos uma nova atividade.

Você não mudará absolutamente nada se permanecer no que conhece bem. Esse é o lugar onde você recebe o que sempre teve. É isso que o torna confortável – o hábito, o "sempre faço isso". Toda vez que você tentar sair desse lugar, vai parecer estranho: o que fazer com as mãos quando não estiver fumando? O que fazer com seu tempo além de ir ao shopping nos sábados e gastar o dinheiro que não tem? Não, não será o fim do mundo se você se sentar para trabalhar em seu texto antes de ler e-mails. E, sim, é possível que você tenha dificuldade para distinguir a esquerda da direita quando começar a dançar valsa.

Alguém certa vez me disse que as pessoas que mudam conseguem tolerar melhor a ansiedade do que as que ficam estagnadas. Para mim, isso significa que conseguem suportar a ideia de sentirem desconforto. Essa sensação é, na verdade, positiva – é um sinal de que você está aprendendo. Ensino aos clientes que há três zonas de existência: conforto, expansão e estresse. A expansão é onde ocorre a mudança – aí você se sente desconfortável, mas não estressado a ponto de não aprender. Imagine que você resolva aprender a esquiar. A zona de conforto seria ficar sentado em casa. A zona de expansão poderia ser a pista para iniciantes. E a zona de estresse, a pista para profissionais.

Essas zonas são alvos em movimento. Se você pratica na pista para iniciantes, ela se torna sua zona de conforto, e a pista para profissionais passa a ser sua zona de expansão. Por isso, lembre-se de que se o que você está fazendo não lhe parece um pouco estranho, você ainda não se afastou o suficiente de sua zona de conforto para que a mudança aconteça.

Por falar nisso, entrar na zona de expansão, em geral, é bom para você. Ajuda a manter o cérebro saudável. A menos que continuemos a aprender coisas novas – o que desafia nosso cérebro a criar novos caminhos –, ele literalmente começa a atrofiar, e isso pode resultar em demência, mal de Alzheimer e outras doenças cerebrais. Expandir-nos continuamente nos ajuda até a perder peso, de acordo com um estudo. Pesquisadores que pediram que as pessoas fizessem algo diferente todos os dias – ouvir uma estação de rádio nova, por exemplo – descobriram que elas perderam peso e se mantiveram assim. Os cientistas supõem que sair da rotina, em geral, nos deixa mais conscientes.

O que tudo isso implica é que devemos aceitar o desconforto quando estamos criando um novo hábito; ele é sinal de que nosso cérebro está criando um caminho que, por fim, irá nos tornar mais competentes. Quando ajudo escritores no início da carreira, sempre recomendo que coloquem no papel o que têm a dizer e revejam depois. Simplesmente ponha para fora, por pior que seja o que você tem a dizer. A limpeza é feita mais tarde. Os que se dispuseram a isso concluíram seus livros; os que não conseguiram ainda se encontram estagnados.

Mas, como vivemos em uma cultura que venera o conforto, sentir-se desconfortável ou não fazer algo benfeito pode ser um grande desafio. Por isso, aconselho meus clientes a dizerem que são iniciantes, para lembrarem a si mesmos e aos outros que talvez eles não façam coisas "com perfeição": "Estou me esforçando para não perder a calma, por isso tenha paciência comigo"; "Estou começando a articular a visão que tenho para minha empresa, por isso preciso que você me ouça sem fazer críticas"; "Estou aprendendo a me divertir sem beber. Você pode me ajudar?"

É preciso coragem para entrar na zona de expansão. Essa é uma das razões pelas quais mudar hábitos ou ir atrás de seu sonho ajuda a formar o caráter. Exige que você assuma um risco – o risco de parecer um idiota, o risco de fracassar. Mas, como nos lembra Stephen Covey, "o maior risco é o de vivermos sem riscos", pois nunca poderemos chegar aonde queremos se continuarmos instalados na zona de conforto. Por isso, vá para a pista de dança e dê o melhor de si. As coisas vão ficar mais fáceis. Eu garanto.

ESCREVENDO UM DIÁRIO: "NO INÍCIO, EU NÃO TINHA MUITO A DIZER"

"Tudo começou quando voltei para a faculdade", explica Mark Sincevich, fotógrafo profissional e palestrante. "Eu tinha várias aspirações, mas não conseguia organizá-las muito bem. Fiz uma aula sobre textos jornalísticos. O melhor conselho dado pelo professor foi o de manter sempre um diário comigo. No início, eu não tinha muito a dizer. Ficava só olhando para o papel em branco. Depois comecei a usá-lo como uma espécie de álbum de recortes, no qual colava bilhetes de trem, fotos e até flores. Comecei a fazer pequenos comentários sobre as coisas que colocava lá. Persisti porque sentia que estava escavando a superfície de um poder extraordinário, que estava explorando minha voz interior, aquele rio de ideias imagináveis. Depois de fazer comentários durante alguns meses, sempre carregando o diário comigo, criei um hábito. Agora, 16 anos depois, já enchi mais de 40 diários. Eu os uso para me descontrair quando estou estressado. Eles me permitem colocar todos os meus pensamentos em um único lugar e escolher exatamente o que quero dizer. Eu os uso para rascunhar projetos profissionais e planos de marketing e ainda planejar meus orçamentos, tanto pessoais como profissionais. Tenho vários lembretes em meus diários. Eles me ajudam a ter certeza de que estou na direção certa em minha vida!"

Sim, você consegue achar tempo

O tempo é uma coisa criada. Dizer "não tenho tempo" é o mesmo que dizer "não quero ter tempo".

– LAO TZU

Todas as pessoas que atendo parecem não dispor de tempo. Elas têm muitas tarefas para realizar ao longo de um dia, de uma semana, de um mês ou de um ano. Algumas me procuram precisamente porque querem ajuda para se concentrar, para descobrir aquilo em que devem prestar atenção e o que devem deixar de lado. Outras estão tentando se tornar mais saudáveis ou ter uma vida familiar melhor, mas "não têm tempo". Lidam com a enorme carga de trabalho trabalhando ainda mais. A maioria está drasticamente privada de sono e, por conseguinte, sente-se prejudicada em sua capacidade de pensar racionalmente ou de fazer as coisas sem dificuldade. Ninguém acha possível encontrar alguma outra opção.

Renee era uma dessas clientes. Chefe de cem pessoas envolvidas em diversos projetos complexos, ela chegava do escritório por volta das 20h, preparava o jantar para ela e o marido, respondia aos e-mails das 22h à meia-noite ou uma da madrugada, dormia quatro ou cinco horas e chegava ao escritório no outro dia às 7h para começar tudo de novo. Todos os dias. Sabia que precisava de tempo para dormir e se exercitar, mas isso parecia impossível.

Perguntei-lhe o que aconteceria se ela deixasse o computador no escritório quando voltasse para casa. Renee tinha certeza de que seria um desastre. Eu a desafiei a fazer um teste durante uma semana. No nosso encontro seguinte, ela exclamou: "É impressionante. Se respondo aos e-mails à noite, várias respostas estão à minha espera pela manhã. Se só respondo de manhã, as respostas chegam um pouco mais tarde. Nada mudou essencialmente, mas o efeito de reservar algumas horas para mim está sendo muito positivo."

O que Renee descobriu, para sua surpresa e alegria, foi que ela podia reservar um tempo por dia para si sem que isso fosse o fim do mundo. Muitos de nós, principalmente as mulheres, não só acreditam que são totalmente indispensáveis (ou deveriam ser), como devem sacrificar tudo e todos para que o mundo continue girando. E nos enganamos ao pensar que não temos escolha nessa questão.

A verdade é que, todos os dias, cada um de nós – a menos que esteja preso ou escravizado – escolhe onde e como investir seu tempo. Os que estão ao nosso redor – chefes, familiares, amigos – tiram proveito da nossa escolha de atender tudo e todos, menos a nós mesmos. Pois não devemos nos enganar: *essa é uma escolha nossa.*

Renee aprendeu outra grande lição no dia em que estava se queixando de um colega: "Ele nunca fica até tarde e é considerado um rapaz de ouro. Como ele dá conta de todas aquelas exigências?" "Pergunte a ele", sugeri. Quando ela perguntou, o rapaz respondeu: "Ignoro tudo que não considero importante." "Eu jamais conseguiria fazer isso", disse Renee. "Se não respondo a todos, eu me sinto mal."

Cada um de nós tem a opção de escolher como investir seu tempo. Mas é muito fácil dizer para nós mesmos que a escolha não é nossa, principalmente quando ela envolve algum hábito novo ou um sonho que requer energia para ser concretizado.

Sei que posso facilmente cair na armadilha do "não tenho tempo" quando se trata de fazer exercícios. Mas, como nos lembra Lao Tzu, o que estou realmente dizendo para mim mesma é que não *quero* fazer exercícios. Ao tomar consciência disso, deixei de dar desculpas e voltei para a academia. Se isso significa que minha família não terá um delicioso jantar caseiro ou que minha lista de afazeres vai ficar ainda mais longa, esse é o preço que terei de pagar. De qualquer forma, as listas de afazeres não têm mesmo fim.

Não estou dizendo que é fácil arrumar tempo. Pode requerer sacrifício. Organizar seus armários em vez de assistir à televisão. Usar as férias para fazer um curso em vez de relaxar. Não visitar a mãe idosa com a frequência que "deveria". Em alguns sentidos, as trocas que fazemos revelam aquilo com que realmente nos preocupamos. Lembro-me de ter lido uma vez algo sobre Sylvia Plath. Ela era uma jovem divorciada com dois filhos pequenos quando escreveu parte de sua melhor poesia – durante a madrugada, antes de as crianças acordarem. Isso mostra quanto ela queria escrever.

O tempo é um de nossos recursos mais preciosos. Mesmo que você consiga tirar apenas 15 minutos por dia para se dedicar ao seu novo hábito, isso significa 91 horas ao longo de um ano. Que escolhas de tempo você precisa fazer para alcançar o que realmente deseja?

FAZENDO EXERCÍCIOS: "COMECEI A ROUBAR O TEMPO"

"Tenho um emprego em que 80 horas por semana não são raras", diz Mark. "Mas não abro mão de fazer uma hora de exercícios todos os dias. Quando tentei marcar um horário para isso, não deu certo. Mas então alguém me pediu que pensasse em uma ocasião em que, em meio a uma vida profissional agitada, eu tinha encontrado tempo para algo realmente importante para mim. No mesmo instante, pensei no nascimento de meu filho. Apesar de naquela época estar percorrendo o país de avião, estive presente em seu nascimento e em quase todas as festinhas de aniversário nos oito anos que se seguiram. Consegui fazer isso porque jurei para mim mesmo que a empresa não me privaria do meu tempo com a minha família. Quando pensei nisso em relação à atividade física, percebi que se eu não cuidasse de mim, estaria prejudicando a família. Eu não era obrigado a chegar ao escritório às 6h – aquele horário não pertencia à empresa, pertencia a mim. Eu escolhera dar o horário à empresa. Comecei a me apropriar desse tempo, fazendo exercícios às 6h todos os dias. Deixei de ser uma pessoa com quase 16 quilos a mais e estou na melhor forma de minha vida aos 40 anos."

Quando não souber o que fazer, ponha-se no lugar de quem sabe

A maioria das pessoas vive física, intelectual ou moralmente em um círculo muito restrito de seu potencial. Elas usam uma parte muito pequena de sua possível consciência e dos recursos de sua alma, em geral, de modo muito semelhante a um homem que adquirisse o hábito de usar e mover somente seu dedo mínimo.

– WILLIAM JAMES

Tricia procurou-me para tentar ser mais organizada. Nada do que havia feito até o momento funcionara – ou, pelo menos, não por muito tempo. De nada adiantava recorrer à sua fórmula de sucesso em outras áreas. Eu estava ficando desesperada. "Quem é a pessoa mais organizada que você conhece?", perguntei. "Minha amiga Lucy", respondeu ela. "Tudo bem", falei, "o que Lucy faria neste exato momento?" "Bem, ela iria desfazer a mala antes de ler seus e-mails." "E se você tentasse fazer o mesmo?" E lá se foi Tricia, instruída a perguntar o que Lucy faria e a fazer o mesmo.

Gosto desse "truquezinho". É uma maneira de chegar a uma resposta quando nos encontramos estagnados. É claro que é você quem vai dar a resposta. Lucy não estará presente. Mas ver as coisas pelos olhos de outra pessoa dá acesso aos nossos próprios recursos internos que, de outro modo, não poderíamos descobrir. Quando pensa da forma habitual, Tricia olha em torno, vê a desordem e mais uma vez se sente arrasada. Quando pensa como Lucy, ela se esforça e aí surge uma solução.

O que isso realmente significa é que, em algum lugar de sua

mente, Tricia sabe que é e continua a ser organizada. Mas o hábito a impede de executar o que sabe. Ao fingir ser outra pessoa, ela engana seu hábito.

Você pode usar esse truque para qualquer coisa. Uma amiga extremamente equilibrada me contou que foi uma criança muito tímida e teve dificuldade em situações sociais até assistir a um filme de Katharine Hepburn e perceber que poderia ser como a personagem. "Eu adorava o jeito direto dela, sem tentar ser engraçada ou empinar o nariz. Até hoje, quando falo ou converso com as pessoas, tento transmitir as três qualidades que atribuo a Katharine Hepburn: coragem, honestidade e generosidade." Você quer ser mais feliz? Pense na pessoa mais feliz que conhece. Depois faça o que ela faria. Você quer ser mais calmo? Pense na pessoa mais calma que conhece e imagine como ela reagiria.

Em *The Art of Changing*, Susan Peabody fala que usa a filha Kathy dessa forma. "Quando estamos juntas, eu a tomo como exemplo. No supermercado, ela se mantém calma mesmo quando as pessoas são irritantes. Quando começo a ficar nervosa, olho para ela e penso: 'Se minha filha consegue, apesar de tudo, ser controlada, eu também consigo.' Quando estamos separadas, sempre me pergunto: 'O que Kathy faria nesta situação?' E procuro imitá-la."

Existe uma variação dessa tática que também funciona. Pense em alguém de quem você gosta muito – seu irmão ou irmã, um amigo querido, seu cônjuge. Imagine que ele venha lhe pedir conselho sobre um problema específico que você está vivendo. O que diria a ele? Sempre que desafio um cliente a fazer isso, ele traz ótimas sugestões. Quando termina, eu pergunto: "Você está disposto a seguir seu próprio conselho?" Normalmente há um silêncio total enquanto a pessoa assimila o que acabou de acontecer. Com coragem, a maioria decide tentar e em geral relata ter tido um sucesso maior do que se tivesse usado qualquer ideia que eu pudesse ter sugerido.

A razão por que essas técnicas funcionam é que, como diz o autor motivacional Taro Gold, "tudo de que você precisa para romper ciclos de comportamento doentios está dentro de você". Sim, o apoio de outras pessoas pode ser inestimável. Sim, observar os outros pode levá-lo a tentar algo que você nunca imaginou antes. Mas, na maioria das vezes, em algum lugar lá no seu íntimo você já tem a resposta que está procurando. Precisa apenas se esforçar para lembrar-se e aplicá-la. Nesse sentido, às vezes ajuda colocar-se no lugar de outra pessoa.

Opa, esqueci!

No início, os hábitos são teias de aranha;
no fim, tornam-se fios de arame.
– PROVÉRBIO CHINÊS

Recentemente fiz uma viagem de negócios de 12 dias pela Europa com dois colegas. Um deles me disse, enquanto embarcávamos: "Estou cuidando do meu peso. Você me ajuda a comer apenas saladas e frango grelhado?" Uma noite, estávamos conversando com um grupo quando esse meu amigo chegou trazendo vários pacotes de salgadinhos. Enquanto abria um deles, pisquei discretamente para lembrá-lo do que tinha pedido. "Eu me esqueci completamente", respondeu ele. "Obrigado por me lembrar."

Os cientistas dizem que o espaço de tempo entre impulso e ação é de meio segundo. *Meio segundo*. Nós não temos consciência disso. Surge um impulso e, num piscar de olhos, reproduzimos o que sempre fizemos porque, independentemente do caminho que já percorremos, isso funciona à velocidade da luz. Metemos a mão no pote de bolachas, levamos a bebida à boca, lançamos o insulto imperdoável contra nosso cônjuge. Assim, para aprendermos algo novo, é fundamental aumentar nosso nível de consciência para termos uma escolha entre impulso e ação.

A consciência é igual ao potencial de liberdade que nossa mente condicionada tem. Um estudo recente mostrou que pensar no que você comeu no almoço antes de fazer um lanche à tarde resulta em uma perda expressiva de peso. Este é um exemplo de como a simples consciência é poderosa. Paul Ekman, ex-diretor do Laboratório de Interação Humana da Universidade da Califórnia, em San Francisco, estudou as emoções por 50 anos. Em um recente artigo, ele afirmou: "Quando concluí meus estudos há 45 anos, meu supervisor disse: 'Se puder aumentar o espaço entre impulso e ação, você beneficiará seu paciente.'"

Essa consciência é a melhor amiga que podemos ter quando queremos criar um hábito novo. É como o botão de pausa na televisão. Com consciência, o impulso surge, mas há uma possibilidade de escolher a ação que vamos tomar. Quais são as consequências de gritar com meu filho? Vou ficar feliz mais tarde se beber isso agora? O simples fato de jogar essa roupa no fundo do armário vai me ajudar a ser mais organizada?

Então, como você vai se lembrar de pressionar o botão da pausa? Sempre que faço essa pergunta aos meus clientes, há um silêncio total. Não nos ensinaram as estratégias da consciência. No começo, como meu amigo que estava de dieta, você vai precisar de algum lembrete externo. Não porque seja fraco, mas porque seus hábitos se tornaram fios de arame e são muito fortes. Você esquece e depois se martiriza por ter esquecido.

Evite o ciclo da vergonha usando sinais de alerta. A Dra. Pamela Peeke, especialista em estresse e preparo físico, sugere que você coloque lembretes na geladeira e em alimentos ou garrafas de bebida, como: "A resposta não está aqui." Sugiro aos clientes que desejam aprender a ser mais agradecidos que colem um lembrete no volante do carro: "O que tenho a agradecer neste exato momento?" Digo-lhes para responder à pergunta todas as vezes que virem o bilhete. Coloque em sua mesa uma foto com a aparência que você deseja ter. Peça a um amigo que lhe envie um e-mail todos os dias indagando: "O que você fez hoje para desenvolver sua ideia profissional?" Uma vez, ajudei uma amiga a comprar um anel que servia para lembrá-la de tratar a mãe com paciência. Enquanto estava conversando com a mãe pessoalmente ou por telefone, ela ficava brincando com o anel para lembrar sua intenção.

Você também pode aumentar sua consciência criando um ambiente à prova de tentações. Pique seus cartões de crédito ou coloque-os na geladeira para não encontrá-los da próxima vez que for tirá-los da carteira. Então você se lembrará de que não quer gastar. Livre-se dos salgadinhos, biscoitos e sorvetes. Assim, quando estiver revirando os armários da cozinha, você se lembrará de que optou por não cair na tentação de comer essas coisas.

Se estiver abandonando algum vício, talvez seja necessário evitar os lugares e as pessoas associados a ele. Isso acontece porque o corpo desenvolve uma resposta física aos ambientes em que você se encontrava quando cedeu ao vício. Os psicólogos chamam isso de desejos condicionados – o entorno, a hora do dia ou determinadas pessoas estão de tal forma ligados à substância que seu corpo começa a criar um forte desejo difícil de resistir. Arranje outra coisa para fazer às 17h, se era nesse momento que você fazia sua happy hour todos os dias. Evite festas durante algum tempo. Se você não resiste à pipoca no cinema e quer emagrecer, não vá ao cinema. Se está tentando melhorar a relação com seu cônjuge e vocês sempre brigam em lojas de roupas, evite essas lojas por um tempo. Quando deixou de fumar maconha, meu marido pediu aos amigos que não fumassem perto dele. Isso o ajudou muito. Do contrário, ele simplesmente teria se deixado dominar por seu velho hábito.

Pedir aos outros que o ajudem a ter consciência pode ser complicado. A última coisa que você precisa é de alguém ao seu lado acusando-o: "Você me prometeu que nunca mais fumaria!", gritava histericamente com meu ex-marido, toda vez que eu o pegava com um cigarro. Não adiantava nada. Ele passou a fumar às escondidas. Esse é um dos possíveis riscos quando você pede ajuda a alguém – você pode começar a fazer coisas às escondidas.

Se os lembretes humanos causarem muita tensão, recorra a tecnologias mais impessoais – bilhetes, estratégias para despertar a consciência anotadas em sua agenda, protetores de tela no computador, e-mails que você configura para lhe serem enviados automaticamente. Talvez você descubra que precisa continuar a inventar novos sinais de alerta à medida que seu cérebro se acostuma com os antigos e eles se tornam parte da experiência. Se você já não percebe o bilhete no computador que diz "lembre-se de respirar antes de atender o telefone", é hora de colocá-lo em outro lugar. Ou invente um novo lembrete. Você pode programar seu computador para emitir um som a cada hora a fim de fazê-lo lembrar-se de respirar fundo três vezes.

Se quiser aumentar a chance de sucesso, não deixe de colocar esses lembretes em prática. Eu lhe asseguro que você não precisará deles para sempre – só o suficiente para que o novo hábito se torne o novo padrão. Então você poderá recorrer ao novo hábito e não mais àquele que o escraviza e aprisiona.

ARRUMANDO LEMBRETES QUE REALMENTE AJUDAM

Aqui estão algumas sugestões para você evitar a dinâmica destrutiva quando estiver pedindo aos outros que o ajudem a lembrar-se do que você decidiu:

1. É você quem deve pedir que lhe deem apoio para ter consciência.
2. Escolha alguém que não tenha um interesse pessoal no assunto – por exemplo, seu amigo que está de dieta não deve pedir um lembrete à esposa. Ele pode se irritar com ela.
3. Você deve ser muito claro com relação ao tipo de lembrete que deseja. Não precisa ser um sermão, mas algo simples como: "Já escreveu dez páginas hoje?" Ou pode ser um código entre vocês dois, como as palavras "submarino amarelo", para impedi-lo de comer sem pensar a bomba de chocolate que está na sua frente.
4. A outra pessoa deve fazer o lembrete e depois se calar – cabe a você cumpri-lo.

Tenha planos de apoio, e não desculpas

Noventa e nove por cento dos fracassos vêm de pessoas que têm o hábito de dar desculpas.

– GEORGE WASHINGTON CARVER

Meus clientes, em geral, levam a sério a questão da mudança. E, apesar dos problemas inevitáveis ao longo do caminho, na maioria das vezes eles mudam. Talvez não tanto nem tão rápido como gostariam. Mas mudam.

De vez em quando, no entanto, eu me deparo com pessoas que resistem a avançar. Comprometem-se a fazer determinada coisa quando conversamos e aparecem depois com todas as justificativas por não terem cumprido o combinado. As desculpas em geral se dividem em duas categorias: "A culpa é toda minha" (sou preguiçoso, desorganizado, idiota, indisciplinado) ou "as circunstâncias fugiram ao meu controle" (reuniões de negócios, filho doente, o cachorro fez xixi no projeto). O primeiro grupo é especialista em autoanálise negativa. O segundo é especialista em culpar tudo e todos.

A vida sabe muito bem colocar obstáculos em nosso caminho, principalmente quando se trata de mudar um hábito ou fazer algo diferente. Como é necessária mais energia para mudar do que para continuar na mesma, fica mais fácil escapar da mudança. É por isso que gosto da recomendação de Pamela Peeke em *Fight Fat After Forty*: crie de antemão planos de contingência. Segundo ela, já que uma série de obstáculos pode derrubá-lo, você não só deve ter um plano de apoio, mas ter planos de apoio para os planos de apoio. Desse modo, não perderá o ânimo e saberá o que fazer, em vez de desistir, desesperado. Veja o que diz Lester R. Bittel, especialista em administração: "Bons planos levam a boas decisões." Esta é a razão pela qual o bom planejamento ajuda a realizar sonhos difíceis de alcançar.

Tive a oportunidade de colocar em prática o conselho da Dra. Peeke em um belo dia de verão, assim que o li. Peguei o carro e me dirigi, animada, à academia, para descobrir que estava fechada. Tudo bem, pensei comigo mesma, preciso de um plano B. Vou para casa nadar na piscina. Naquele momento, ficou frio e começou a chover, o que nunca acontece no verão em Walnut Creek, na Califórnia. Não pude deixar de rir. Tudo bem, Universo, entendi a mensagem. Coloquei minha capa de chuva e passei para o plano C – andar o mais rápido possível por 30 minutos.

Foi uma lição importante para mim. Percebi que não vinha atendendo muito bem meus clientes que sempre davam desculpas. Não os estava ajudando a criar planos de contingência, o que levou alguns deles a se culparem e outros a culparem todas as circunstâncias. Comecei a perguntar no final de nossas sessões: "Qual é o plano B? Se você não puder fazer isso do modo como acabamos de discutir, qual é o seu plano de apoio?" Criar cenários alternativos foi extremamente útil para eles e o índice de sucesso aumentou consideravelmente.

Em vez de se enrolar em desculpas, como muitos dos meus clientes, tente refletir sobre o que faz você se sentir mal e impede o seu sucesso. Que tal traçar um plano para as coisas que estão dando errado? Você terá uma sobrecarga de trabalho que vai afetar seu compromisso de dormir o suficiente? Por falta de tempo, terá de preparar às pressas algo para comer, apesar de ter decidido "eliminar do cardápio coisas com baixo valor nutritivo"? O emprego que você achou que estava garantido talvez não dê em nada?

Quais são seus planos de contingência? O que você vai fazer com relação ao seu compromisso de escrever todos os dias quando sua mãe vier se hospedar em sua casa? Quais são os planos A,

B e C agora que você deixou de beber e acabou de ser convidado para uma reunião de negócios em um bar? Como vai conhecer aquela pessoa especial se já tentou, sem sucesso, um daqueles sites de namoro?

Faça planos de contingência e você descobrirá que não precisa de desculpas. Milagrosamente deixará de ser preguiçoso ou indisciplinado. E tomará alguma providência quando o cachorro fizer xixi no projeto.

ATÉ ONDE VAI SEU COMPROMISSO?

"De um a dez", pergunta o conselheiro canadense Michael Bungay Stanier, "que nota você daria ao seu empenho atual para efetuar a mudança desejada? Agora, perceba como esta pergunta é enganosa. Não há 'meio-termo' quando se trata de compromisso. Faça esta outra pergunta a si mesmo: 'Se as pessoas o estivessem observando, como saberiam que você tem um compromisso com a mudança?' Em outras palavras, elas veriam ações que revelam seu compromisso?"

Use a imaginação para tornar as coisas mais fáceis

Se quiser alcançar uma meta, você deve "vê-la alcançada" em sua mente antes de realmente alcançá-la.

– ZIG ZIGLAR

Há alguns anos, foi realizado um famoso estudo sobre campeões de esqui que treinavam para os Jogos Olímpicos. Um grupo fez o treino normal nos declives. O outro, em vez de esquiar, visualizou-se nitidamente fazendo cada percurso de forma correta. Quando chegou a hora do jogo, o segundo grupo esquiou melhor do que o primeiro. Os resultados foram tão impressionantes que, desde então, imaginar um excelente desempenho é uma das técnicas que atletas de alto nível usam regularmente.

Como funciona? Se o processo for nítido, o cérebro não distingue entre imaginar que está fazendo alguma coisa e de fato fazê-la. Em ambos os casos, nossos neurônios estão queimando aquela sequência específica, fazendo com que seja mais fácil repeti-la. Esse método tem um lado positivo e outro negativo. O negativo é que, quando imaginamos possibilidades assustadoras e resultados pessimistas, treinamos nosso cérebro para obter esses resultados. O lado positivo é que podemos usar esse "truque" para facilitar a mudança de um hábito ou a aprendizagem de algo novo.

Foi essa compreensão que deu origem a vários exercícios de afirmações e visualizações. Mas, muitas vezes, eles não funcionam por duas razões. Primeiro, porque sempre estão incompletos. Na verdade, precisamos imaginar o sucesso nas três formas pelas quais vivenciamos o mundo – vendo, ouvindo e sentindo – para que o cérebro faça novos caminhos. Temos de ver, ouvir e sentir a nós mesmos na situação, como se ela realmente estivesse acontecendo. Afirmar simplesmente "serei magro" ou imaginar-se em um biquíni não funcionará.

Segundo, para que a prática seja eficaz, você precisa se imaginar *nitidamente* na situação. Ao vivo e em cores, por assim dizer. Se estiver deixando de fumar, por exemplo, é melhor acreditar que seu desejo de fumar é uma imagem nítida. Tentar escrever um novo programa em seu cérebro requer uma visualização *ainda mais* nítida. Do contrário, é perda de tempo ficar afirmando "Vou me livrar do cigarro".

Aqui está um exemplo. Louise procurou-me porque queria ajuda para concluir seu romance. Uma das primeiras coisas que pedi foi que imaginasse o livro já pronto e acomodado na prateleira, depois pegasse um livro em branco e criasse um título e uma imagem de capa. Ela agora coloca o livro ao lado do computador como um lembrete da direção que está seguindo. Depois, trabalhamos para criar uma situação em que ela se via, ouvia e tinha a sensação de digitar no computador, escrevia a última página, enviava o livro a um agente, recebia a notícia de que ele fora aceito por um editor e abria a caixa de livros no dia do lançamento. Ela imaginou tudo, até o cheiro da caixa de papelão.

E isso fez com que fosse mais fácil para ela se pôr em ação. Fazia quatro anos que estava tentando acabar o livro. Depois do nosso trabalho, ela o concluiu em seis meses. Agora que aprendeu o processo, Louise pode usar a mesma técnica de "concretizar o futuro" com qualquer outra coisa – a casa nova que deseja, o relacionamento que quer ter.

Você pode fazer o mesmo. Lembre-se de vivenciar o que deseja de todas as formas sensoriais e de torná-lo o mais real possível. Seu cérebro irá recompensá-lo queimando a sequência exata de que você precisará quando partir para a ação. Para ter um ótimo desempenho, o ensaio mental pode ser tão bom quanto a ação – desde que você o transforme em algo real para si mesmo.

UMA MELHOR RELAÇÃO DE TRABALHO: "IMAGINO MINHA CHEFE COMO UMA COLEGA"

"Uma amiga me falou sobre sua técnica para melhorar sua vida amorosa – ela visualiza o tipo de mulher extrovertida que deseja ser e depois age como se fosse essa mulher", conta Carol. "Isso me deu a ideia de tentar algo semelhante com minha chefe, que me intimida há vários anos. Antes de termos uma reunião, vejo-a como uma colega da mesma idade e com as mesmas experiências. Sinto confiança e calma. Então, digo para mim mesma: 'Tenho algo útil a dizer e ela também.' Isso realmente tem me ajudado a falar o que penso de forma mais rápida e eficiente. E estamos obtendo melhores resultados profissionais."

Não se desespere: entenda os três estágios da aprendizagem

Quanto mais você se aproxima do farol, mais escuro fica.

– PROVÉRBIO JAPONÊS

Andrea estava confusa. "Prometi aproveitar mais a vida este ano. Mas, nesta semana, tudo o que fiz foi me estressar por causa do relatório que tenho de apresentar amanhã e correr de um lado para outro de tal forma que não reparei nas flores do meu jardim nem me sentei tranquilamente por dez minutos, como tinha prometido a mim mesma."

"Na verdade", respondi, "estou feliz por constatar seu progresso."

"Você está brincando", ela respondeu. "Eu me atrapalhei toda."

"Talvez, mas percebeu que estragou tudo. Parabéns."

O que Andrea não sabia – e é provável que você também não saiba – é que a aprendizagem acontece em três fases. A primeira chama-se POST HOC: após o fato, você reconhece que queria ter feito as coisas de um modo diferente. Esse é o estágio do "eu disse para mim mesma na semana passada que me lembraria de ter paciência com minha mãe", ou "acabei de me lembrar que ontem iria procurar emprego na internet". Acredite ou não, a aprendizagem está acontecendo, porque, antes disso, você não tinha consciência suficiente do que estava sucedendo.

A segunda fase é a AD HOC: enquanto uma coisa está acontecendo, você tem consciência de que deseja fazê-la de um modo diferente. Minha cliente, Sandy, em sua curva de aprendizagem para administrar a raiva, me relata: "Quando eu ia gritar com meu marido, pensei comigo mesma: 'Saia e dê uma volta, dê uma volta!' Depois, pensei: 'Que se dane! Ele que resolva isso.'"

Esse é o estágio do "eu não deveria comprar esse biscoito (vinho, calça de 200 dólares), mas vou comprar assim mesmo", ou "eu deveria desligar este computador e passar mais tempo com minha família, mas continuo sentado aqui".

A terceira fase é a PRE HOC: você aprendeu tudo tão bem que é capaz de controlar qualquer coisa antes que ela aconteça. "Você vai se orgulhar de mim", disse Lucy, que vinha aprendendo a se tornar mais organizada. "Jurei manter minha casa limpa durante as férias e cumpri a promessa, sem dificuldades!" Nessa fase você está fazendo exatamente o que deseja, de forma regular, com mais sucessos do que erros.

Aqui está o segredo: você tem de passar pelo primeiro e pelo segundo estágios para chegar ao terceiro. É assim que se dá a aprendizagem. Pode parecer que não está havendo qualquer progresso porque você está perfeitamente consciente de como e quando está estragando tudo. A menos que entenda isso e aprenda o que fazer nesse caso, você corre o risco de ficar estagnado nos dois primeiros estágios para sempre.

É fundamental entender esse processo. Se eu pudesse lhe dar uma única dica para mudar qualquer coisa em sua vida, seria esta: *reconhecer que você estragou tudo é um progresso!* É por isso que gosto da citação sobre o farol, que abre este capítulo, porque "é sempre mais escuro antes do amanhecer". Quando estamos criando coragem para avançar, há sempre uma fase em que só percebemos como é difícil e como avançamos pouco.

Agora vem a parte delicada: para avançar você tem que se dar conta de como reage quando percebe que estragou tudo. O truque é aprender com a experiência, sem se julgar de modo negativo, para não ficar desanimado nem se entregar à derrota. (É por isso que a orientação de crescimento, em "Preparando-se para mudar", é tão importante.)

Ensino meus clientes a dizerem para si mesmos: "Ótimo. Estou aprendendo. Se não fosse assim, nem perceberia que estraguei tudo. O que posso aprender com essa experiência para usar da próxima vez?” Quando fez essa pergunta a si mesma, Andrea percebeu que não tinha criado nada que pudesse lembrá-la de sentar, procurar respirar e dar uma volta pelo jardim. Colocou um grande bilhete dos dois lados da porta de entrada para poder vê-los ao entrar e ao sair. Sempre que o via, ela parava no mesmo instante e relaxava. “Fico animada”, ela me disse. “Estou me saindo um pouco melhor. Agora, reconheço quando começo a ficar histérica.”

Podemos passar por esses estágios enquanto aprendemos algo novo. Mas só se estivermos dispostos a reagir de forma positiva no início é que iremos manter o ânimo, fazer nosso cérebro se lembrar de que estamos progredindo e usar nossas experiências para as realizações futuras.

Tenha coragem de encarar os desafios

Oitenta por cento do sucesso consiste em se expor.
– WOODY ALLEN

Tive um amigo que fumava. Ele deixou de fumar muitas vezes ao longo dos anos. Mas sempre – uma semana, um mês ou um ano mais tarde – recomeçava. Certa vez, quando ele tinha parado de novo, perguntei como estavam as coisas. "Ah, não é difícil. Já fiz isso um milhão de vezes", respondeu.

Percebi que daquela vez também não iria funcionar. *É* difícil, muito difícil. E deixar de reconhecer a dificuldade era uma das coisas que o impedia de conseguir. Enquanto não reconhecesse como era difícil cumprir seu objetivo, ele nunca colocaria em prática as estratégias de que precisava para superar os momentos difíceis. Lembro-me de que cerca de um ano depois de meu marido ter deixado de fumar maconha, ele me disse: "Sabe, ainda bem que é ilegal. Porque se eu pudesse comprar a droga na loja da esquina, acho que não conseguiria resistir." Ele admitiu para si mesmo que era difícil, e o fato de ter admitido o deixou livre. Permitiu que se expusesse de um modo sincero e aceitasse o desafio.

Mudar maneiras de ser e hábitos antigos *pode* ser extremamente difícil. Sobretudo, é claro, quando envolve substâncias que causam dependência física, como álcool e drogas, inclusive a nicotina. Ou comer por compulsão, ou a anorexia. Mas, por causa do modo como nosso cérebro está estruturado – rodando os programas habituais –, a simples mudança de hábitos mentais pode ser uma verdadeira proeza. Estou trabalhando há pouco tempo com uma mulher de 25 anos que se diz irritada e exageradamente preocupada, e que deseja ser mais positiva, agradecida e paciente. "Não dá para acreditar como é difícil!", exclamou em mais de uma ocasião. Sempre ressalto que ela é inteligente porque está tentando aprender agora. Imagine como os hábitos negativos estariam enraizados quando ela tivesse com 53 anos, como eu.

É justamente por ser difícil que, se você realmente quer mudar ou realizar algo, tem que assumir o compromisso de aceitar que a mudança é um grande desafio. Recentemente, li um artigo sobre Ivana Chubbuck, a professora de teatro de Brad Pitt. A respeito de seus alunos bem-sucedidos, ela disse: "Os alunos que fizeram sucesso tinham uma ética profissional incrível. E uma grande tenacidade. Brad trabalhou em três empregos e morou com cinco pessoas para poder pagar as aulas." O que você deseja fazer pode exigir determinação e esforço semelhantes. Não é fácil, não é moleza, não é um mar de rosas. Se fosse, você não precisaria de um livro para ajudá-lo. Já teria feito isso sozinho.

Ter coragem de encarar as dificuldades é um ato mental, emocional e espiritual que demonstra compromisso. Você reconhece que se trata de um trabalho sério e que está pronto para enfrentar o desafio. Minha cliente Coni é o melhor exemplo que conheço. Mãe solteira de três meninos, sendo um deles autista, ela tem uma vida repleta de dificuldades. Tive o privilégio de vê-la crescer em muitos sentidos nos últimos quatro anos. Como ela tem certeza de que uma mudança precisa ser feita, por mais difícil que seja – em seu modo de vida, em seu relacionamento com os outros ou com ela mesma –, quando conversamos sobre o que é necessário fazer, ela sempre diz quatro palavras mágicas: "Eu posso fazer isso." E faz. Foi assim que iniciou um negócio de sucesso, acabou com relacionamentos pouco saudáveis, aprendeu a se exercitar e a comer de forma correta.

Quando encaramos os desafios, mostramos coragem. Coragem

é a determinação de ter êxito, que, de acordo com estudos recentes da Universidade da Pensilvânia, pode ser tão importante quanto a capacidade. Os pesquisadores dessa universidade descobriram que as pessoas corajosas têm mais chance de alcançar o sucesso na escola, no trabalho e em outros empreendimentos porque sua paixão e seu empenho as ajudam a suportar os contratempos inevitáveis que ocorrem em qualquer projeto a longo prazo.

Não acho que coragem seja algo que você tem ou não tem. É uma qualidade que você cria quando faz a escolha de se expor pelo que realmente deseja para si mesmo, por mais difícil que seja.

DIZENDO O QUE PENSA: "SUPERE O MEDO"

"Eu nunca soube dizer o que realmente quero", contou Maria. "Em parte, porque, muitas vezes, não sei o que quero. Mas também porque detesto perturbar a paz. Por isso, simplesmente concordo com a outra pessoa. Este ano, resolvi finalmente expressar minha verdade emocional, sobretudo para o rapaz que estou namorando há dois anos. Primeiro, comecei a escrever muito no meu diário, para ter certeza de qual era minha verdade. Depois, antes de me encontrar com ele, eu dizia palavras de incentivo para mim mesma: 'Você pode dizer a sua verdade', repetia. Quando estávamos juntos, eu me desafiava, pensando: 'Precisamos ter essa conversa. Pare de se esconder. Conte-lhe sua verdade.' No início, tive de vencer um grande medo. De quê? Não tenho certeza. Mas cada vez fica mais fácil, e eu me sinto um pouco mais tranquila com isso. Vejo que dá para sobreviver mesmo quando estou dizendo algo de que ele discorda totalmente. Uma vantagem é que ficou mais fácil dizer o que penso para os outros também. O truque é primeiro ter certeza do que quero e, depois, desafiar-me a superar o medo."

Faça uma análise do jogo

Mesmo que esteja no caminho certo, você será atropelado se ficar lá sentado.

– WILL ROGERS

Glenn, um executivo extremamente ambicioso e dinâmico, veio procurar minha ajuda. Era o tipo de homem que mede seu valor pelas horas que passa no escritório. Seu chefe sugeriu que me procurasse porque não estava plenamente satisfeito com o desempenho dele, Glenn não era um bom ouvinte. Interrompia frequentemente o interlocutor para falar de seus interesses.

Glenn e eu concluímos que era importante ele aprender a fazer perguntas. Seu dever de casa era comparar, durante duas semanas, o número de perguntas que fazia nas reuniões com o número de afirmações. Quando nos encontramos novamente, perguntei como ele tinha se saído. “Fiquei tão ocupado que não tive tempo de pensar nisso”, confessou. “Acho que estou melhor, mas não tenho certeza.”

Expliquei-lhe que refletir sobre o próprio comportamento acelera a aprendizagem. Ele me olhou como se eu tivesse acabado de chegar de Marte. Acho que, em toda a sua vida, Glenn nunca refletira sobre si mesmo. Então, tive um momento de inspiração. Como sabia que ele gostava de futebol, perguntei: “Sabe por que, depois do jogo, o técnico e os jogadores se reúnem para analisar o que aconteceu? É para poderem se sair ainda melhor no jogo seguinte. É disso que estou falando. Uma análise do jogo.”

“Ah”, disse ele. Desenvolvemos um sistema em que, em vez de começar a pensar no que tinha de fazer em seguida, Glenn faria uma “análise do jogo” depois de cada reunião.

Glenn descobriu o que você descobrirá também se começar a praticar a "análise do jogo". Ela mantém em foco o que você está tentando aprender. O hábito de observar o número de perguntas que fazia em cada reunião foi desenvolvendo nele a capacidade de aumentar o número de perguntas na reunião seguinte. Não demorou muito para que conseguisse fazer isso automaticamente. Glenn ficou satisfeito – e o chefe dele também.

A reflexão acelera do mesmo modo a aprendizagem porque nos dá uma chance de verificar como estamos nos saindo e as correções a serem feitas. O que funcionou? Como poderei me sair ainda melhor da próxima vez? Essas são minhas perguntas de reflexão preferidas, porque levam a mente a reforçar o sucesso – faça mais isso – e a constatar o progresso, sem se entregar à vergonha ou à culpa. Uma vez trabalhei com um grupo de líderes durante nove meses, ajudando-os a se tornarem uma equipe de alto desempenho. Verifiquei, a cada semana, uma melhora expressiva na capacidade deles de pensar em conjunto pelo simples fato de fazerem essas duas perguntas ao final das reuniões.

Como e quando você refletirá sobre o seu desempenho? Você já criou sua meta INTELIGENTE – por exemplo, passar duas horas por semana fazendo algo que lhe dá prazer. Nesse caso, talvez você decida refletir toda segunda de manhã, enquanto estiver dirigindo para o trabalho. O que funcionou? "Bem, não tirei duas horas, mas consegui tirar uma hora inteira no sábado à tarde, quando Ted levou as crianças ao futebol, para ler parte do romance que estava me esperando havia tempo." O que pode melhorar? "Ah, vejo que não é fácil tirar duas horas seguidas. Esta semana, vou tentar uma hora no fim de semana e uma hora na terça-feira, depois que as crianças forem para a cama." Então, na próxima segunda, você repete as duas perguntas, reajustando e criando novas estratégias, até encontrar a fórmula que funciona.

Não deixe de acrescentar essa "análise do jogo" ao seu repertório. É uma das melhores formas de alcançar sucesso.

Os AA têm um segredo – um dia de cada vez

Fazemos isso um dia de cada vez.

– CRAIG (MENSAGEM POSTADA EM UM *WEBSITE* DE REABILITAÇÃO)

Eu estava conversando com uma amiga que há pouco tempo entendeu que precisava parar de beber. "Minha cabeça é uma coisa muito engraçada", afirmou Leslie. "Se disser a mim mesma que nunca mais posso beber, tudo o que quero fazer é beber. Eu me vejo pensando em coisas ridículas, tais como 'mas isso significa que não vou poder beber champanhe no casamento de minha filha!'. Não é patético? Ela tem seis anos e não tem nenhum pretendente em vista!"

O Alcoólicos Anônimos e outros programas de 12 passos são repletos de conselhos sábios sobre mudança. Um de meus favoritos é "um dia de cada vez". Você não precisa parar de beber para sempre – só precisa passar o dia de hoje sem beber. Depois, quando chegar o dia de amanhã, você faz a mesma coisa. Essa é uma estratégia muito inteligente porque, quando você pensa nas palavras "nunca" ou "para sempre", sua mente imediatamente produz todos os tipos de resistência. "Para sempre" é tempo demais. "Nunca" é muito difícil. Mas e hoje? Hoje, qualquer pessoa consegue.

Não é preciso ser um viciado para que isso seja útil. Sei que se eu disser para mim mesma que tenho de fazer exercícios todos os dias até o fim da vida minha primeira resposta será querer me deitar e nunca mais levantar. Mas quando digo que tenho de me exercitar hoje, tudo se torna possível.

Eu achava que isso acontecia porque somos seres humanos fracos e confusos. Até ler *Driven by Wellth*, de Julie Maloney e Renee Moorefield. Nesse livro, deparei-me com uma explicação alternativa que achei extremamente útil. Segundo as autoras, todos os sistemas vivos, inclusive os seres humanos, estão programados para se adaptar *e* para manter sua integridade enquanto continuam da mesma forma. Sem a capacidade de nos adaptarmos, não evoluiríamos – como indivíduos ou espécie. No entanto, se não fôssemos capazes de resistir à mudança, perderíamos nossa individualidade e nos transformaríamos naquilo que encontrássemos pela frente. A psicóloga Dominique De Backer explica assim essa questão: "O cérebro só aceitará novas informações se elas não colocarem em risco nem prejudicarem a coerência que ele está tentando manter."

Quando procuramos fazer mudanças muito violentas, nosso sistema tenta manter o status quo movendo-se na direção oposta. Esta é uma das razões pelas quais as dietas rígidas não funcionam. Dizer para si mesmo que você nunca mais voltará a colocar um chocolate na boca provoca no mesmo instante um forte desejo de comer quase cinco quilos de chocolate, porque seu sistema luta para manter o conforto da situação conhecida. Em função desses impulsos contraditórios para mudar e para continuar da mesma forma, Maloney e Moorefield afirmam que a pergunta-chave, na verdade, é: "Como o sucesso pode ser alcançado e sustentado de um modo saudável que melhore a qualidade de vida?"

É aí que entra o conceito de "um dia de cada vez". É um conceito moderado, para não desencadear a parte de nós que grita "a postos para a batalha, pois algo grande está tentando me forçar a ser diferente". É um conceito que nos faz entrar em *ação*. Não ficamos simplesmente sentados sem fazer nada. Estamos fazendo algo – hoje. No entanto, um dia de cada vez não é uma desculpa para agirmos assim naquele dia e depois esquecermos. É preciso que recomecemos no dia seguinte. E no outro.

Para Leslie, isso foi extremamente útil. "Já faz seis meses agora que não bebo. Ainda sonho que estou bebendo, mas, como aprendi, enquanto estou sonhando, não estou bebendo. E enquanto eu persistir em deixar de beber durante o dia de hoje, minha mente me deixará em paz com relação ao futuro." Comprove você mesmo.

Felicite-se como uma prática diária

Se uma pessoa se concentra no problema em si e continua a lhe dar uma poderosa energia mental e emocional, essa pessoa atrai exatamente o que não deseja. Em vez disso, ao concentrar-se na Gratidão, ao mesmo tempo que confronta o problema, a pessoa se conecta ao Sentimento e à Mente Divina Onipresente, Todo-poderosa e Onisciente, e às hostes celestiais.

– ANÔNIMO

"Não cheguei a lugar nenhum", lamentou Maura outro dia, contando quanto se irritara no trabalho depois de ter jurado que manteria a calma. Mas quando a pressionei para que me relatasse os fatos, ela disse que tinha ficado calma durante a maior parte do tempo nas últimas três semanas, irritando-se só uma vez em 15 dias. E, em vez de explodir com quem a provocou, ela se retirou e descarregou sua raiva sozinha. Isso equivale a um índice de êxito de 93% na escala de irritação, ou de 100% na escala de não descarregar sua raiva no provocador. No entanto, ela se sentia como se tivesse acabado de sacar um revólver e atirado no rapaz porque, naquele dia, se irritara com o comportamento dele.

Como Maura, a maioria de nós se repreende duramente quando tropeça. "Você estragou tudo de novo, seu idiota! Você nunca vai conseguir fazer a coisa certa!" Então, o mínimo que podemos fazer é reconhecer e valorizar quando agimos como desejamos: "Ei, você conseguiu manter a calma a semana toda, conforme prometeu! Parabéns!"

O que há de tão difícil nisso? Na teoria, nada. Mas, na prática, apreciar-se é um grande desafio. No final de cada sessão, peço ao cliente e a mim mesma que nos felicitemos pelo que aconteceu enquanto estávamos juntos. É sempre fácil elogiar a outra pessoa. Descobri que o mais difícil, apesar de ter feito isso milhares de vezes, é expressar gratidão por mim mesma – por meu comportamento, meus pensamentos e minhas palavras durante a sessão. O mesmo se aplica a todas as pessoas com quem trabalho. É muito mais fácil agradecer ao outro do que direcionar o holofote da apreciação para nós mesmos. E, no entanto, isso é tão importante!

Faz 10 anos agora que leio e penso sobre a gratidão. Por isso, sei que a autoapreciação é poderosa. Ela reforça o comportamento que desejamos criar. Diz ao cérebro: "Faça mais isso." Assim, da próxima vez, você tem mais chance de repetir a escolha que lhe fez bem.

Ser agradecido pelo que fizemos tem outros efeitos poderosos. Faz-nos lembrar que, de fato, fomos bem-sucedidos em algo que nos propusemos a fazer. Quando não reconhecemos nossos esforços, eles facilmente se tornam invisíveis para nós. Foi o que aconteceu com Maura. Como não se felicitou durante os 14 dias em que conseguiu fazer a coisa certa, culpou-se impiedosamente no único dia em que se descontrolou (um pouco). Como não tinha seus êxitos firmemente implantados na mente por meio da apreciação, perdeu toda a perspectiva.

Identificar e reconhecer nosso sucesso hoje também nos incentiva a tentar novamente amanhã. Ao tomar consciência do que fizemos de maneira correta, temos mais confiança de que seremos capazes de repeti-lo. Por isso, quando somos agradecidos pelo sucesso de hoje, realmente fica mais fácil ter êxito no dia seguinte. Especialmente quando se trata de algo que exige muito esforço ao longo do tempo, é importante que você elogie seus progressos. Isso lhe dará energia para continuar.

Os efeitos emocionais da gratidão são poderosos. Por exemplo, em estudos realizados, foi solicitado a estudantes de direito e praticantes amadores de golfe que prestassem atenção em seus pensamentos positivos (no que está certo, não no que está errado). Constatou-se que eles melhoraram seu desempenho e sentiram muito menos estresse do que aqueles que se concentraram em pensamentos negativos.

Entretanto, acredito que há mais coisas envolvidas nessa questão, o que explica por que incluí a citação anônima que abre o capítulo. Todo ser humano tem três tipos de energia. A primeira é dinâmica, que é a energia de fazer. Você a usa quando faz exercícios, traça um plano de ação, organiza seus papéis. A segunda é receptiva, a energia de não fazer. Você a usa quando exercita a paciência, ouve alguém com atenção, relaxa em uma banheira de água quente. A terceira é magnética, a energia que atrai para si o que deseja. Você a usa quando estabelece uma intenção, por exemplo. Quando falam em manifestar algo, as pessoas estão falando em usar a energia magnética.

A gratidão também é magnética. Quanto mais você aprecia uma coisa, mais ela tende a aumentar em sua vida. A razão ou o modo como isso acontece vai além de minha compreensão, mas, quanto mais observo, mais sou obrigada a concluir que é verdade. Concentre-se em problemas e eles tendem a se multiplicar. Concentre-se na coisa certa e ela tende a aumentar. Observe que digo "tende a" – não se trata, de forma alguma, de uma correlação direta. Não temos total controle desse processo. Mas, de acordo com a física quântica, de algum modo aumentamos as potencialidades com nossos pensamentos magnéticos.

Mesmo que pareça tolice, sugiro que reserve um momento todos os dias para celebrar o progresso que está tendo com seu novo hábito, decisão ou sonho. O que você fez da forma certa, ainda que só um pouquinho? Os efeitos emocionais da gratidão são conhecidos. E se, por meio da gratidão, você atrair mais do que deseja, não se preocupe. De qualquer modo, ao agradecer hoje, você fará seus amanhãs serem mais do que deseja.

CONTINUANDO

✦

Os sonhos se realizam. Sem essa possibilidade,
a natureza não nos instigaria a tê-los.

– JOHN UPDIKE

Esta é a parte mais fundamental no desenvolvimento de um hábito novo ou na realização de um sonho: manter a energia e o foco ao longo do tempo. É fácil nos deixarmos levar pelo entusiasmo e jurarmos, por exemplo, que vamos ter fluência em chinês no próximo ano, ou que nunca mais vamos nos irritar com coisas pequenas. Nesta seção, você aprenderá sobre atitudes e comportamentos que pode adotar como apoio a longo prazo e estratégias para lidar com o arrependimento, com o perfeccionismo e com pessoas que desejam puxá-lo para baixo. Você também verá maneiras específicas de lidar com os erros e um processo para avançar, caso não esteja tendo o pique necessário para seguir em frente. Lembre-se de que a fisiologia de seu cérebro está do seu lado – quanto mais você praticar, mais fácil vai ficar.

Como manter o pique?

Por maior, mais macia ou mais quente que seja sua cama, você ainda precisa se levantar.

– GRACE SLICK

"Tenho esse problema", diz Dolores. "Consigo estabelecer uma meta para mim – digo que vou perder 4,5 quilos. E perco. Mas depois não consigo manter o peso, e os quilos voltam. Aí, me dá um desânimo enorme."

O dilema de Dolores me faz lembrar uma história que ouvi em algum lugar. Três grupos de pessoas estão subindo uma montanha – um do tipo social, outro do tipo competitivo e o último, do tipo empreendedor. As pessoas do tipo social divertem-se muito quando interagem umas com as outras e nunca chegam ao topo da montanha. O grupo competitivo luta para ver quem chega primeiro; o vencedor finca um mastro no topo e proclama: "Esta montanha é minha." Os do tipo empreendedor chegam ao topo, olham ao redor e dizem: "Esta montanha não é tão grande como pensamos. Onde está a maior?"

O que a história mostra é que cada um de nós mantém o pique de um modo diferente. E uma das chaves para criarmos uma mudança duradoura em nós mesmos é entendermos o que nos motiva – o que nos tirará da cama para cumprir nosso compromisso – e como manter essa motivação viva durante o tempo que for necessário.

Minha irmã é, como dizia minha mãe, "uma borboleta social". Ela faz exercícios com facilidade quando tem companhia, porque gosta especialmente de se relacionar com outras pessoas. Dolores, minha amiga, é voltada para o empreendimento. Essas pessoas precisam de metas muito desafiadoras que sejam avaliadas com rigor e constantemente aprimoradas à medida que cada uma é alcançada. Se estiver tentando se exercitar regularmente, Dolores precisa, de algum modo, manter o ritmo elevado para continuar motivada. Depois de uma corrida de 5 quilômetros, ela precisa fazer outra de 10 – em seguida, um triatlo. Ana, uma cliente, é motivada pelo desejo de vencer. Você pode convencê-la a aprender ou fazer qualquer coisa ao transformar a atividade em uma competição na qual ela possa derrotar alguém.

Mas essas não são as únicas pessoas do mundo que criam motivação. Meu amigo Drew deixou de ser um magricela de 43 quilos para se tornar um homem "sarado" porque "queria provar para si mesmo e para os outros que era capaz". Robin segue sua dieta e seu programa de exercícios "lembrando-me de como me sinto bem ao comer de forma correta e ter um corpo musculoso".

O que me mantém motivada é meu desejo de integridade pessoal. Desenvolvi atitudes positivas, assim como o hábito de fazer exercícios, porque prometi a mim mesma que faria isso e não quero quebrar minha promessa. Não quero ser hipócrita. Para pessoas como eu, fazer promessas ou assumir compromissos pode ser muito eficaz.

O que funciona para você manter o pique? Estabelecer objetivos rígidos e elevar o ritmo? Cumprir seus compromissos? Vencer outra pessoa?

É fundamental saber o que o motiva. Não se deixe influenciar pelas sugestões dos outros, pois não vai funcionar. Aqui está um exemplo: muitos sugerem que a melhor maneira de manter o pique é recompensar-se ao longo do caminho. Pessoalmente, não me sinto nem um pouco motivada por recompensas (e colar fotos de modelos magérrimas de biquíni na geladeira só serviria para me deixar deprimida). Para aqueles que comem além da conta ou compram por compulsão, a ideia de "recompensar-se" pode até ser perigosa, pois essa é a motivação que os levou ao consumismo. Como diz Victoria Moran em *Em forma de dentro para fora*, "quando você perde 2 quilos, sua recompensa é ter perdido 2 quilos".

Tive um cliente que tomou a decisão de perder 11 quilos e de se exercitar todos os dias por um ano. Prometeu a si mesmo que, se cumprisse a promessa, compraria um veleiro no final do ano. Você pode encontrá-lo velejando agora, magro e em forma. Meu marido vem mantendo seu compromisso de se exercitar, "subornando-se", como ele diz. Estava louco por um computador novo. Há pouco tempo, comprou um. Se não seguir seu programa de exercícios, terá de vendê-lo.

Não há soluções do tipo "tamanho único". Se não tiver certeza de quais são as suas motivações, experimente as que foram sugeridas aqui. Se uma não despertar seu interesse, experimente outra. Pergunte a uma amiga o que funciona para ela. Mas lembre-se de que sua tarefa é descobrir o que é mais eficaz para criar motivação em *você*.

PERDA DE PESO: "ESTOU FAZENDO ISTO POR MIM"

"Após o nascimento de meu filho, cheguei a pesar 78 quilos", diz Brenda Edson. "Em 2003, assumi o compromisso de fazer exercícios e comer de forma correta. Perdi 19 quilos e mantive o peso. Faço exercícios todos os dias e melhorei meus níveis de colesterol, minha resistência e minha agilidade. O que funcionou foi ver a perda de peso como uma jornada rumo a um 'eu' melhor, não só a um 'eu' capaz de usar jeans tamanho 36. Cheguei a um ponto em que olhei para mim mesma e disse: 'Eu me importo comigo. Não estou fazendo isso para ficar com uma aparência melhor. Estou fazendo isso para me sentir melhor. Estou fazendo isso por *mim*.'

A mudança aconteceu porque ganhei mais confiança em mim. Acho que grande parte dessa confiança foi conquistada na esteira. Por mais estranho que pareça, toda vez que eu aumentava a velocidade, ganhava mais confiança no que poderia fazer no resto de minha vida. Vi resultados e comecei a acreditar em mim. Essa confiança permitiu-me experimentar coisas novas. Comecei a praticar nos outros aparelhos e a levantar pesos, coisas que tinha muito medo de fazer. Estou com 33 anos e me sinto melhor como pessoa, estou com uma aparência melhor e tenho uma imagem de mim mesma tão boa como jamais tive."

O que está atrapalhando você?

Cada um de seus comportamentos compulsivos, obsessivos e viciosos mostra-lhe partes intimidadas de sua personalidade (...) São suas vias para (...) o crescimento.

– GARY ZUKAV

Ted é um executivo ocupado que decidiu que passar mais tempo com a família tinha a maior importância em sua vida. Estabeleceu então uma meta INTELIGENTE (não trabalhar dois dos quatro fins de semana do mês, e chegar em casa a tempo de jantar com os filhos em três dos cinco dias da semana) e um sistema de acompanhamento – um caderno onde anotava quando cumpria o prometido. Está fazendo isso há três meses, e percebe como é difícil ser fiel à sua promessa. Ainda surgem emergências no trabalho que o obrigam a ficar até mais tarde e a usar horas dos fins de semana. Ele se sente frustrado. Sua esposa diz que ele precisa "se dedicar mais à família". Eu o ajudo a descobrir a razão que o impede de cumprir o que decidiu. É importante que saiba, se quiser ser bem-sucedido.

Você já se viu em uma situação parecida? Não sendo capaz de realizar de forma consistente o que deseja? Embora esteja realmente empenhado em mudar, talvez você esteja mais empenhado em fazer outra coisa da qual não se dá conta e que o impede de criar a motivação para seguir em frente.

Essa é a opinião de Robert Kegan e de Lisa Laskow Lahey, da Escola de Pós-graduação de Educação da Universidade Harvard. "No final, a razão por que as decisões de ano-novo têm tão pouca força", escrevem em *How the Way We Talk Can Change the Way We Work*, "é que, em última análise, não respeitamos nossa própria complexidade. Ignoramos a fonte poderosa de comportamentos contraditórios que nunca mudarão se sua origem não for descoberta."

Por exemplo, imagine que, apesar de ter dito que deseja estabelecer um relacionamento duradouro, você não tenha obtido êxito. Isso não significa que você não esteja empenhado em estabelecer um relacionamento. Significa que você está *mais* empenhado em fazer outra coisa que contradiz seu desejo expresso, mas que, em sua opinião, o protege de alguma forma. Por exemplo, você pode estar mais empenhado em nunca mais se deixar machucar por alguém do que em ter um relacionamento. E a origem desse empenho é uma experiência vivida nos seus primeiros anos de vida e que agora está controlando seu comportamento sem que você se dê conta. Lá no fundo, você pode pensar que, se estiver sozinho, ficará seguro, ao passo que, se estiver ligado a alguém, corre o risco de se machucar. Só tomando consciência desse bloqueio é que você consegue conquistar o que deseja.

Então, como tornar visível para nós mesmos o que ficou invisível até agora? Você encontrará um processo, adaptado do livro de Kegan e Lahey, no boxe da página 142. Usei como exemplo a situação de Ted, quando decidiu equilibrar sua vida profissional e pessoal. Sugiro que você faça o processo por escrito ou com alguém em quem confie.

Você pode saber que existe um problema de três maneiras. A primeira é quando tiver a sensação de que sua decisão vai levá-lo a uma situação terrível: ninguém o amará, você será abandonado, todos vão evitá-lo. Segundo, em sua mente lógica, você sabe que não é verdade – você não vai morrer se fizer exercícios durante 30 minutos – mas, mesmo assim, o medo o bloqueia. Talvez até sinta lágrimas brotarem em seus olhos. Terceiro, algo no problema que surge quando você toma a decisão lhe soa familiar. Você pode ter lidado com isso na terapia, ou já passou por essa experiência antes.

Como mostra meu exemplo, Ted percebeu que, por mais que quisesse conviver com a família, ele estava mais empenhado no trabalho, porque sua convicção fundamental era de que, se trabalhasse menos, acabaria passando necessidades. Na infância sua família enfrentara sérios problemas financeiros e ele tinha um medo terrível de ficar pobre novamente.

Como Ted descobriu, os entraves fundamentais são convicções que criamos na infância para nos proteger. Representam o que uma criança imagina que precisa fazer para estar segura. São algumas das estruturas básicas através das quais vemos o mundo. Não podemos simplesmente desejar – ou fazer – que desapareçam. Para nos libertarmos, precisamos, nas palavras de Kegan e Lahey, "olhar *para* elas e não através" delas.

Para começar, eles sugerem que você observe durante uma semana como essa convicção se manifesta em sua vida. Como trabalha a seu favor? Como ela trabalha contra você? Por exemplo, Ted poderia notar o seguinte: *Estou aceitando mais trabalho extra porque tenho muito medo de perder meu emprego se recusar. Estou me sobrecarregando para não ser demitido.* Em seguida, mais uma vez sem tentar mudar nada, comece a procurar evidências de que sua suposição pode não ser verdadeira. Pense no que aconteceu concretamente em sua vida. Quais são as evidências que negam suas suposições? Traga à mente informações reais: apesar de estar chegando mais cedo em casa, eu me sinto valorizado na empresa.

A seguir, examine a história que o levou a ter a suposição. Quando você se deu conta dela pela primeira vez? Para que ela serviu na época? Talvez você descubra que o que o protegeu quando era jovem e vulnerável passou a ser um obstáculo em seu caminho adulto: *Quando eu era jovem, não tinha escolha senão aceitar qualquer trabalho que aparecesse para ajudar a família.* Essa consciência poderá nos levar a ter compaixão por nós mesmos, a tratar nossa vulnerabilidade com compreensão e ternura e não com um julgamento severo ou com rejeição. Nossa suposição fundamental foi a melhor estratégia que encontramos na época para lidar com as circunstâncias. Naquele tempo não conhecíamos outra maneira. Agora, com nossos recursos e habilidades de adultos, temos capacidade de fazer uma escolha diferente.

Mas não basta simplesmente dizer para si mesmo que está tudo bem e que você pode fazer uma escolha diferente. Você precisa criar pequenos testes pessoais que desafiem sua suposição com o mínimo de risco, para provar à criança e ao jovem que ainda existem dentro de você que não há problema algum em abandonar a convicção que o bloqueia. Desse modo, poderá ir passando gradativamente de um teste fácil para outro um pouco mais difícil e assim por diante, até ter criar um espaço crescente para superar sua suposição fundamental. Por exemplo, no primeiro dia, Ted foi para casa às 17h. Em seguida, tirou um fim de semana. Depois, não se ofereceu para aceitar trabalho extra. Ao perceber que ainda assim mantinha o emprego, sua suposição fundamental foi perdendo a força.

Uma cliente que estava tentando se libertar do perfeccionismo descobriu que sua suposição fundamental era que, se cometesse um erro, ela morreria. Sugeri que cometesse um erro propositadamente. Ela passou uma semana resistindo à ideia. Em seguida, fez algo extremamente insignificante – deixou um objeto fora do lugar quando sua melhor amiga veio visitá-la. Depois, compareceu a uma reunião familiar usando uma blusa com uma pequena mancha. Foi prosseguindo assim, até realmente acreditar que poderia cometer um erro e sobreviver. Eu soube que ela havia superado o desafio quando, acidentalmente, esqueceu-se de uma consulta marcada com o dentista e não entrou em pânico.

Esse é um trabalho desafiante, que exige que superemos nossas limitações anteriores e tomemos consciência do que vem nos controlando ao longo da vida. Você percebe agora por que eu disse que mudar um hábito ou manter uma decisão não é uma tarefa fácil? Mas tenha certeza: os benefícios emocionais e espirituais de seu exame interior são enormes. Você não só terá mais chance de conquistar o que deseja, como se libertará das restrições invisíveis que vinham afetando sua forma de ver o mundo.

CHEGANDO À SUA SUPOSIÇÃO FUNDAMENTAL

1. Diga qual é o seu compromisso. *Eu me comprometo a passar mais tempo com minha família.*
2. O que o está impedindo de cumprir seu compromisso? *Aceito qualquer solicitação de trabalho, por isso raramente estou em casa.*
3. O que você teme que aconteça se mudar esse comportamento? *Se não trabalhar 80 horas por semana, tenho medo de perder meu emprego.*
4. Sendo assim, o que você prefere a estar com sua família? Porque esse comportamento é sempre uma forma de se proteger. *Eu prefiro ter a segurança do emprego a passar mais tempo com minha família.*
5. Responda à pergunta nº 4 como um compromisso contrário: *Eu me comprometo mais em ter a segurança no emprego do que em passar mais tempo com minha família.*
6. Por trás do compromisso contrário está uma suposição fundamental em que você acreditou durante toda a sua vida. Para entendê-la, pergunte a si mesmo: o que poderia acontecer de tão ruim se eu desistisse do compromisso contrário e cumprisse meu primeiro compromisso? *Se eu não passar 80 horas no trabalho, acabarei na miséria.*

Lembre-se do que realmente vai deixá-lo feliz

A única razão por que os hábitos persistem é que eles estão oferecendo alguma satisfação. Você permite que persistam quando não procura nenhuma outra forma melhor de satisfazer as mesmas necessidades. Todo hábito, bom ou mau, é adquirido e incorporado do mesmo modo – quando você descobre que ele é uma forma de satisfação.

– JULIENE BERK

Eu estava assistindo a *Perder para ganhar* um dia desses. O programa incluía a pesagem inicial de uma mãe obesa e de sua filha de 16 anos que começava a apresentar sintomas de diabetes e que era alvo constante de piadinhas na escola por causa de sua gordura. A mãe pesou-se primeiro, e chegou perto de 100 quilos. Quando a balança mostrou que a filha estava com quase 113 quilos, a mãe desatou a chorar: "A culpa é minha", disse soluçando. "Eu só queria que ela fizesse o que a deixava feliz."

Senti pena dessa mãe. Sem dúvida, ela passara a vida tentando deixar sua filha – e a si mesma – feliz. É o que todos fazemos. Como observa o palestrante motivacional Sidney Madwed, "a motivação para qualquer comportamento consiste em criar uma sensação de 'BEM-ESTAR' e de paz interior. Isso é verdadeiro quando a pessoa assina um contrato de um milhão de dólares, coça o nariz, rola na cama ou simplesmente passa a vida sonhando acordada. As pessoas farão coisas que parecem contrárias a esse conceito, mas a verdade é que veem naquilo que fazem algum tipo de benefício que lhes trará bem-estar".

Essa mãe errou quando confundiu prazer momentâneo com

felicidade, que é fruto de saúde e boa forma. Ela não poderia ensinar o que ela mesma não sabia. Mas, quando se viu de sutiã e calcinha à frente de milhões de telespectadores, forçada a encarar a verdade sobre si mesma e sua filha, ela entendeu. As duas tinham buscado a felicidade na ponta de um garfo e, consequentemente, ficaram infelizes.

Contudo, o desejo de felicidade dessa mãe poderia se tornar o caminho para a libertação. Não sem esforço, é claro. No caso das duas, muitas folhas de alface, suor e tempo na esteira. Mas o que poderá incentivá-las a fazer todo esse esforço é o desejo de serem felizes. As duas ficarão mais felizes quando pesarem menos. Concentrar-se *nessa* felicidade poderá ajudar quando os anseios e o desejo de voltar aos velhos hábitos surgirem.

Isso pode funcionar para você também. Digamos que sua meta seja livrar-se das dívidas, mas um lindo par de sapatos está piscando para você na vitrine de uma loja. Você realmente deseja esses sapatos. Antes de pegar o cartão de crédito, pare e se pergunte: "O que realmente me trará felicidade? Um novo par de sapatos ou o fim das dívidas?" Se a tentação persistir, volte a se perguntar: "Todos os outros pares de sapatos que comprei me trouxeram uma felicidade duradoura?"

O que você está fazendo é envolver seu cérebro pensante, não seu cérebro emocional. O cérebro emocional diz: "Sinta-se bem agora ao ter isso ou fazer aquilo." O cérebro pensante é a parte capaz de dizer: "Ei! Mais devagar. Esse negócio de se sentir bem agora tem consequências. Você vai se respeitar amanhã de manhã?"

Todos nós fazemos o que fazemos para nos sentirmos bem. Quando nosso cérebro emocional está no controle, desprezamos as consequências e acabamos sofrendo mais tarde – seja por causa do excesso de peso, de uma ressaca, ou do remorso pelo modo como tratamos alguém. Lembrar-se do que lhe traz a verdadeira felicidade é uma técnica para manter o cérebro pensante no controle da situação. É aí que se encontra o que *realmente* desejamos, fora da tentação do momento.

No final do episódio, a mãe e a filha tinham perdido dezenas de quilos e a filha já não apresentava mais sinais de diabetes. A perdedora bem-sucedida alardeou: "Eu me sinto bem pela primeira vez na vida!" Essa é a felicidade que vale a pena conquistar!

PERDENDO PESO: "COMO O QUE DEVO COMER, NÃO O QUE QUERO COMER"

"As frituras são a minha perdição", diz John Rae-Grant. "Consequentemente, nos últimos sete anos, carreguei quase 14 quilos a mais de batatas fritas na cintura e na barriga. Um dia, decidi que tinha de levar a sério a ideia de perder peso. Os primeiros 7 quilos se foram quando cortei as frituras e passei a me exercitar regularmente.

Agora, perdi mais de 14 quilos em quatro meses. Como muito sushi e saladas. Como o que *devo* comer, não o que *quero* comer. Agora, quando vejo um prato de batatas fritas e sinto vontade, penso no que *realmente* quero – um peso saudável e a capacidade de acompanhar meus filhos nos esportes. Para minha surpresa, tem sido fácil."

Não deixe que "eles" o desanimem

Sempre me surpreendo com o fato de todos amarmos mais a nós mesmos do que aos outros, mas de gostarmos mais das opiniões alheias do que das nossas.

– MARCO AURÉLIO

Cynthia decidiu tornar-se vegetariana, o que a mãe de Scott, seu namorado, achou muito estranho. Cynthia conta: "Toda vez que estávamos juntas, ela procurava me fazer comer carne. E ficava ofendida se eu me recusava. Fazia cenas nos restaurantes e dizia a todos nas festas que eu não comia o que era servido, embora eu nunca pedisse um tratamento especial. Comecei a evitar reuniões familiares que causavam brigas entre mim e Scott."

Sempre fiquei espantada – ou talvez a palavra mais apropriada seja chocada – com pessoas que oferecem bebidas alcoólicas a alcoólatras sóbrios, ou biscoitos a pessoas sob dieta. E há os que matam sonhos, que ridicularizam sua grande ideia de conseguir um equilíbrio melhor entre trabalho e vida pessoal, ou que o ridicularizam por ter se tornado um vegetariano.

Por que essas pessoas agem assim? Por que não aplaudem e apoiam as mudanças que você está fazendo? Por que seus esforços para mudar as incomodam tanto? Será que o fato de você estar evoluindo é, de alguma maneira, uma ameaça? Estão tentando sabotá-lo?

Não acho que normalmente seja um ato consciente, mas, quando crescemos, muitas vezes nos tornamos uma ameaça para os que nos rodeiam. Talvez estejamos despertando a insegurança (se emagrecer, ela vai deixar de me amar), a inveja dessas pessoas (ele está conquistando seu objetivo, coisa que eu não consigo), ou desafiando a desculpa que apresentam para provar que a mudança não é possível. Elas podem ver sua decisão saudável como uma crítica às escolhas pouco saudáveis que fazem. Talvez também precisem deixar de beber ou de comer tanto e não queiram encarar o fato. Talvez sua decisão implique alguma perda para elas – você resolveu reservar 30 minutos para si mesmo todas as noites, o que significa que lhes dará menos atenção. Há uma série de razões pelas quais aqueles que o cercam podem tentar impedi-lo de avançar.

Isso pode acontecer sobretudo com as pessoas mais próximas e queridas. Há décadas os terapeutas sabem que a família é um sistema e que quando uma parte do sistema muda, ele abala o restante. O sistema então aciona seus recursos para tentar permanecer igual. É claro que nada disso é consciente. Poucos se dão conta de como somos capazes de nos acomodar com um modo de ser estático, e com os rótulos que colocamos nas pessoas: minha mãe é a carente; meu irmão é o esquisitão; eu sou a responsável. Ela me telefona para se queixar e ele sempre precisa de ajuda para sair das confusões em que se mete. Como consequência dessa dinâmica, os mais próximos talvez não se animem a apoiar suas novas escolhas. Podem até tentar sabotá-las.

O que fazer com esses pessimistas e sabotadores? Primeiro, saiba que, por mais que goste de seus familiares e amigos, você nem sempre pode contar com o apoio deles. Então, selecione bem as pessoas capazes de ouvi-lo, de incentivá-lo e de aplaudir seus progressos. O fundamental é lembrar-se de que você não pode deixar que suas escolhas dependam da aprovação ou da crítica dos outros. Não deixe nem mesmo as pessoas mais próximas determinarem o que você faz ou como se sente com relação a si mesmo. Você é adulto.

Esse pode ser um grande desafio se a sua tendência é procurar a aprovação dos outros. Preste atenção nas palavras da romancista Lawana Blackwell: "Construir a própria vida em torno da opinião dos outros nada mais é do que escravidão." Coragem – quanto mais você aceitar a responsabilidade por suas escolhas, mais fácil ficará. Isso pode até causar um efeito positivo em seus relacionamentos. Quando virem que você não vacila em seu compromisso, os que o rodeiam podem passar a respeitá-lo mais.

Uma ótima estratégia é levar sua escolha adiante procurando não se preocupar. Foi o que Cynthia fez. "Quando ficou claro que Scott e eu estávamos caminhando para o casamento, percebi que eu teria de lidar com essa questão de um modo diferente, se não quisesse ser torturada para sempre por minha futura sogra. Passei a simplesmente sorrir ante suas observações e até mesmo a fazer piada sobre minha escolha vegetariana. Isso ajudou a aliviar a tensão."

Cynthia fez outra coisa importante. Decidiu interpretar os comentários da mãe de Scott como uma forma de cuidado. "Comecei a dizer: 'Obrigada por se preocupar tanto com minha saúde. Agradeço por seu cuidado.' Aquilo realmente deu certo. Nós nos aproximamos mais e ela passou a aceitar minhas escolhas. A prova é que, cinco anos depois, quando tive minha filha e declarei que ia criá-la como vegetariana, minha sogra não teve um ataque cardíaco."

Siga o conselho de Cynthia. Você não precisa dar explicações, defender-se ou justificar-se. Tente o seguinte: "Eu agradeço sua opinião, mas essa escolha está me fazendo bem." E quando surgirem tentações, bastam duas palavras ditas com firmeza e serenidade: "Não, obrigado." Se insistirem, diga: "Prefiro não [beber, fumar, comer sobremesa, etc.]. Eu gostaria muito que você me ajudasse nesse esforço." A vantagem de fazer declarações assertivas como essas é que elas reforçam sua intenção e tornam mais fácil cumprir seu compromisso.

Pense desde já nas formas de reagir quando se deparar com observações inconvenientes. Isso evitará que você seja pego desprevenido, ou que dê respostas agressivas. A atriz Phylicia Rashad coloca a questão dessa forma: "Sempre há alguém para sugerir que você nunca será quem quer ser. Você tem duas escolhas: aceitar ou seguir em frente." Siga em frente.

PARANDO DE DIZER COISAS NEGATIVAS: "COMECEI A FALAR BEM DAS PESSOAS, EM VEZ DE FALAR MAL"

"Você já teve a sensação de que está sempre falando mal dos outros?", escreve Jessica Yadegaran. "Você se reúne com amigos e, em vez de discutir sua saúde ou vinhos australianos, você especula – mais uma vez – por que John não telefonou e como Mary deixou de pagar a conta. Um dia me dei conta disso e resolvi mudar."

À medida que seu aniversário de 30 anos se aproximava, Jessica decidiu tomar a resolução de deixar de participar de conversas negativas. Descobriu que, à medida que mudava seu comportamento, seus amigos faziam o mesmo, sem que ela precisasse dizer uma só palavra. "Quando eu via que íamos engrenar numa história patética sobre alguém, eu dava outro rumo à conversa – falava da carreira promissora de Joe como roteirista e da possibilidade de Pam ser a mulher perfeita para Jack. Passei a comentar as qualidades das pessoas, em vez de apontar seus defeitos." Jessica também começou a se afastar de amigos que persistiam no velho hábito. Agora, ela diz que se sente "uma pessoa mais limpa e melhor, com mais tempo para falar sobre o que é realmente importante".

Use o ABCDE contra aquelas vozes horríveis que estão em sua cabeça

Defenda suas limitações e, com certeza, você nunca se livrará delas.

– RICHARD BACH

"Acabei de perceber que existe um bando de meninas malcriadas dentro da minha cabeça falando mal de mim", lamentou Liza certa manhã. "Elas tentam me convencer de que nunca encontrarei um parceiro porque sou muito velha, muito gorda e muito intransigente. E o pior é que estou começando a acreditar nelas."

E você? O que as vozes dentro de sua cabeça lhe dizem? Cada um de nós tem um coro especialista em aparecer no momento errado para apontar nossas deficiências. As vozes aparecem quando você está prestes a se arriscar para realizar o sonho de ter sua casa própria. Ou quando vai se candidatar àquele emprego que realmente parece maravilhoso. Ou está se preparando para fazer aquela caminhada de 5 quilômetros. Quem precisa de pessimistas de carne e osso se já tem dentro de si sabotadores que sabem exatamente o que dizer para derrubá-lo?

As conversas negativas que temos com nós mesmos são perigosas para nosso progresso, porque há uma forte relação entre nossos pensamentos, sentimentos e comportamentos. O pensamento negativo cria sentimentos negativos, que liberam em nosso corpo uma cascata de hormônios do estresse, fazendo com que seja mais difícil produzirmos a ação positiva que desejamos. Muitas vezes, nem nos damos conta desses pensamentos, mas, mesmo assim, eles disseminam seus efeitos negativos.

Como descobrir e lidar com as conversas negativas que temos

com nós mesmos é o tema de inúmeros livros. Existem centenas de técnicas: imaginar-se em um rio, colocar cada pensamento em uma folha e deixar que ela vá flutuando corrente abaixo; visualizar cada pensamento como um balão que você solta no ar; dizer "obrigado por compartilhar isso comigo" e seguir em frente; distrair-se; e assim por diante. Uma das técnicas mais eficazes é o modelo ABCDE de Albert Ellis, que desenvolveu a terapia do comportamento emotivo racional. Essa técnica é baseada na suposição de que, ao identificar as convicções que o limitam, você pode discuti-las ou transformá-las. Veja como funciona:

A: ACONTECIMENTO ESTIMULADOR

O que fez você se sentir culpado ou inseguro? Por exemplo: *Fui ao shopping ontem e gastei muito, apesar de ter prometido a mim mesmo que não compraria nada.*

B: BASE DE CONVICÇÕES

Que pensamentos o acontecimento lhe provoca? Por exemplo: *Não tenho autocontrole; nunca vou mudar; é melhor desistir.*

C: CONSEQUÊNCIAS

Como você se sente por causa de suas convicções? Por exemplo: *sem esperança, deprimido, com raiva de mim mesmo.*

D: DISCUSSÃO

Enfrente as convicções negativas que você identificou. Pergunte a si mesmo se elas são perfeitamente válidas, razoáveis ou racionais. Comece com algo do tipo "Não tenho razão" e acrescente uma declaração positiva. Por exemplo: *Não tenho razão. Faz três semanas que venho me controlando. Tenho mantido o cartão de crédito na carteira, como prometi. Sou capaz de me conter.*

E: EFEITO

Como você se sente agora que enfrentou seus pensamentos negativos? Por exemplo: *Ao lembrar meus sucessos, me sinto mais positivo. Acho que vou voltar ao shopping e devolver o que comprei.*

Mais de 6 mil estudos analisaram os resultados da contestação e substituição de conversas negativas por positivas e constataram que esse processo é muito eficaz em uma ampla variedade de situações. De um modo geral, uma das melhores coisas que podemos fazer por nós mesmos é aprender a discutir. É fundamental contestar aquelas vozes em sua cabeça para neutralizar o veneno delas.

OUTRA ABORDAGEM PARA A CONTESTAÇÃO

Se você tiver dificuldade em contestar, talvez o trabalho de Byron Katie lhe seja útil. Ela venceu as crises de pânico e a obesidade mórbida em um centro de reabilitação e tornou-se uma bela e renomada guru espiritual. Sua abordagem consiste em, com quatro perguntas, ajudar as pessoas a se libertarem de convicções arraigadas que estão causando sofrimento:

1. Esse pensamento é verdadeiro?
2. Você tem certeza de que é verdadeiro?
3. Como você reage quando tem esse pensamento?
4. Quem você seria sem esse pensamento?

Byron oferece fichas de trabalho e outros recursos em www.thework.com.

O imperfeito é nosso paraíso

Caia sete vezes, levante-se oito.
– PROVÉRBIO JAPONÊS

"Eu estava conseguindo me comunicar melhor com minha mãe", lamentou Samantha. "Mas ontem tivemos uma séria explosão de raiva. Ainda estou furiosa e, ainda por cima, sinto vergonha por não ter cumprido minha decisão de me controlar com ela. Mas minha mãe é capaz de dizer coisas tão insensíveis pelo telefone!"

Embora eu conheça pessoas que tomaram uma decisão e nunca vacilaram uma única vez – sobretudo alcoólatras e usuários de drogas –, a maioria tem uma recaída de vez em quando. Você acabou de comer o bolo de chocolate inteiro, apesar de ter se comprometido a se conter. Faz três semanas que você não sai à noite com seu marido, apesar de ter jurado fazer isso todas as semanas. Você se transforma em um poço de ansiedade por ter perdido o emprego, depois de ter prometido a si mesmo que veria as coisas pelo lado positivo.

Muitas pessoas desistem no primeiro deslize. "Não dá para fazer isso", pensam. "Sou um caso perdido." Ou: "A culpa não é minha, a situação é que não tem solução." De qualquer forma, elas caem em um pântano de desespero e se tornam incapazes de qualquer progresso. Isso acontece porque esperam a perfeição.

Esse padrão rígido é o maior obstáculo ao que queremos em nossa vida. É por isso que gosto tanto da frase de Wallace Stevens: "O imperfeito é nosso paraíso." É o lugar onde os desejos do coração se tornam realidade, pois é quando nos aceitamos como somos – com todos os nossos limites e contradições – que abrimos a porta para a possibilidade de transformação.

As pessoas que realizam seus sonhos e criam os resultados que desejam na vida sabem, no mais profundo de seu ser, uma simples verdade: é impossível fazer as coisas com perfeição. Hal Urban, em *Escolhas que podem mudar a sua vida,* afirma: "O fracasso é um fato da vida, faz parte do processo... A diferença entre pessoas de sucesso e as que têm dificuldade para criar o sucesso não está no número de vezes que fracassam, mas na coragem que têm para assumir riscos e no que fazem *depois* de fracassarem."

Aceitar o paraíso do imperfeito não significa desistir ou ignorar o que aconteceu. Pelo contrário, essa aceitação permite que você não fique mais atolado na vergonha e na culpa e leva-o a tentar novamente. No AA, quando você tem uma recaída, no dia seguinte eles o fazem lembrar que aquele é seu primeiro dia de sobriedade. É outra maneira de dizer: "Tudo bem, você caiu, agora siga em frente."

A ciência confirma o poder do imperfeito. Estudos mostraram que pessoas sob dieta que enfrentam uma recaída de forma positiva têm mais chance de perder peso e manter a forma do que aquelas que se martirizam depois de um erro.

Uma amiga minha vê essas recaídas e retomadas como prática: "Ele está praticando a sobriedade." "Ela está praticando para ser mais generosa." Quanto mais praticamos, mais avançamos. (As estatísticas mostram que o fumante médio para de fumar de quatro a seis vezes antes de largar de vez o cigarro.)

Mas a "prática" só funciona se pararmos de sentir vergonha e culpa e começarmos a prestar atenção no que o erro pode nos ensinar para aumentar nossa chance de sucesso da próxima vez. Ela desfaz a neblina mental e emocional e permite que nos aproximemos do erro para extrair dele sua sabedoria: "Comi o bolo porque alguém o deixou sobre a mesa da cozinha. É mais fácil me conter quando não há tentações por perto. De agora em diante, vou pedir aos convidados que levem a sobremesa quando forem embora." "Estou correndo o risco de perder o emprego por causa dos meus constantes atrasos. Além do despertador, vou pedir a uma amiga que passe para me pegar com bastante antecedência."

Ao aceitar o paraíso do imperfeito, Samantha percebeu que tinha se esquecido de que o que funciona para ela com a mãe é pensar o seguinte: "Coitada, eu sei que ela gosta de mim, mas é infeliz no modo de dizer as coisas." Samantha escreveu essa frase ao lado do telefone para poder lê-la quando a mãe telefonasse. Está se saindo muito melhor agora.

Enquanto escrevo isso, os Jogos Olímpicos de Inverno estão chegando ao fim. Os melhores patinadores e esquiadores do mundo passaram duas semanas caindo, errando manobras, tropeçando e depois se levantando e continuando. Os melhores atletas do mundo! Meu coração batia forte diante das imagens. Não porque eu ficasse contente por eles terem escorregado, mas porque esperava ardentemente que o exemplo de tenacidade e excelência desses atletas me ajudasse a acabar para sempre com a ideia de perfeição.

Você é bom o bastante, tal como é, para fazer o que deseja da melhor maneira que pode. Persista. Durante o processo, estará se desenvolvendo em todos os sentidos. Estará aprendendo a ser mais gentil com você mesmo e com os outros enquanto vive – como o restante da humanidade – no paraíso do imperfeito.

Você não pode mudar o que fez, só o que vai fazer

Não se deixe deter por um abrolho no rio, meu querido.
Os abrolhos, por si sós, não são tão perigosos. São os entulhos que se prendem a eles que causam problemas.
Solte-se e siga em frente.

– ANNE SHANNON MONROE

Eu estava cada vez melhor em minha rotina de exercícios. Então, fiquei doente e atrasei-me no prazo final de meu livro. Quando consegui me arrastar para fora da cama, plantei-me na frente do computador. Consequentemente, nos últimos 30 dias, só consegui cumprir sete vezes a decisão de me exercitar diariamente.

Dizem que confessar faz bem à alma, mas estou envergonhada. Quem sou eu para escrever um livro sobre como cumprir uma decisão? Tudo bem, desisti de ser perfeita, mas é inevitável uma certa sensação de fracasso.

Tinha que encontrar uma forma de seguir em frente. Passando pelos canais de televisão, deparei-me com o programa *The Suze Orman Show* e a ouvi dizer a alguém: “Você não pode mudar o que fez, só o que vai fazer.” Obrigada, Suze. É a mensagem de que precisava para não me afundar em remorsos e decidir o que vou fazer agora para recomeçar.

Mas achei que, antes de agir, devia fazer algo para reconquistar a confiança em mim mesma. Assumi um compromisso e não o cumpri. Se tivesse sido com outra pessoa, eu pediria desculpas. Por que não me tratar com o mesmo respeito?

Eu tinha 53 anos quando descobri os passos para um bom pedido de desculpas. Você vai encontrá-los no final do capítulo.

Não basta simplesmente dizer "desculpe". Eu o incentivo a experimentar esse processo de se desculpar, caso você tenha quebrado seu compromisso. Pedir desculpas a si mesmo é muito eficaz. É o reconhecimento de que você leva sua decisão a sério. Permite que você trate a si mesmo e seus objetivos com o maior respeito e aprenda com o que aconteceu para poder melhorar.

Você não pode mudar o que fez. Nas duas últimas semanas, optei por escrever como uma louca das 5h às 8h, atender clientes o dia todo, fazer o jantar e cair na cama por volta das 21h. Mas posso mudar o que vou fazer. Vou fazer uma pausa assim que acabar de escrever este trecho e levar o cachorro para dar uma volta antes do pôr do sol. Não posso mudar o passado. Mas pedir desculpas a mim mesma faz com que seja mais fácil mudar o futuro.

COMO PEDIR DESCULPAS A SI MESMO

Siga estes quatro passos:

1. Reconheça o compromisso que não foi cumprido: *Eu disse que faria exercícios todos os dias e só fiz sete vezes neste mês.*
2. Descreva as consequências por não ter cumprido seu compromisso: *Consequentemente, tenho menos confiança em mim e é mais difícil acreditar que sou capaz.*
3. Lembre-se do contexto não como uma desculpa, mas como uma forma de aprender: *Fiquei doente durante duas semanas e, além do livro, surgiram outros dois projetos com prazos apertados.*
4. Examine o que irá restabelecer a confiança: *Lembrar-me do contexto me ajuda a ver que não é por ser preguiçosa ou pouco confiável que não me exercitei. No futuro, quando eu ficar doente, procurarei renegociar meus prazos para poder ter uma folga para respirar.*

Recorra ao SISP quando quiser desistir

Há duas vozes em sua cabeça – uma delas sempre está errada.

– KAREN CASEY

Deixei de tomar Coca-Cola há alguns meses. Uma lata por dia era um de meus principais vícios. Uma vez, em um retiro rigorosamente vegetariano, uma amiga e eu fugimos para a cidade. Ela estava louca por um copo de vinho tinto. Eu queria meu gole de Coca-Cola. Como não consumo nenhum produto com cafeína ou açúcar, bebia Coca para conseguir levantar cedo em algumas manhãs, ou para ter pique no meio da tarde, quando ainda tinha um monte de clientes para atender. Era o prazer pelo qual eu esperava, minha recompensa por trabalhar tanto. Mas agora que sei quanto exercício é preciso para queimar aquelas 140 calorias todos os dias, jurei que nunca mais beberia.

Ainda tenho vontade. Todos os dias, em diversos momentos, uma voz baixinha em minha cabeça diz: "Uma Coca-Cola com gelo e limão ia bem agora, não?" O desejo vem com força. Não consigo imaginar como devem ser muito mais fortes os desejos para pessoas fisicamente dependentes de álcool, cigarros ou outras drogas.

O que aprendi, no entanto, é que, se eu não ceder, se aguentar um pouco, o desejo passa. Os cientistas dizem que, em média, os desejos atacam de quatro a sete vezes por dia e duram apenas alguns segundos. Então, o que realmente precisamos é de algumas estratégias para meros segundos.

Essa fugacidade é uma lição fundamentalmente valiosa do budismo – os pensamentos e sentimentos surgem e depois passam. Você não precisa agir de acordo com eles, não precisa se agarrar a eles, não precisa repeli-los. Eles simplesmente chegam e, em algum momento, vão desaparecer. Quanto mais atenção damos ao *processo* de surgimento e desaparecimento, menos presos ficamos ao *conteúdo* de nossos pensamentos e sentimentos.

Especialistas em vícios chamam isso de "surfar no desejo". Eis como Susan Nolen-Hoeksema, Ph.D., coloca a questão em *Eating, Drinking, Overthinking*: "Os desejos funcionam como ondas – começam pequenos, formam uma crista, depois arrebentam e se dissolvem. Ao surfar no desejo, você pega uma onda, em vez de lutar contra ela; consequentemente, tem menos chance de ser arrastado ou destruído."

Você quer aprender a surfar no desejo? É muito simples, mas não é intuitivo. Fomos ensinados a fugir de sentimentos fortes ou a ceder a eles. Para surfar no desejo, é preciso fazer o contrário. Ao perceber uma sensação forte, em vez de ignorá-la ou satisfazê-la, preste *mais* atenção nela. O boxe no final deste capítulo descreve uma maneira de fazer isso. Trata-se de um processo de três minutos representado pela sigla SISP, que significa Sensação, Imagem, Sentimento e Pensamento. É útil não só para os desejos, mas para qualquer sentimento forte – medo, tristeza, raiva, inércia, preocupação, desespero. Os neurocientistas dizem que esse processo contribui para o nosso equilíbrio porque usa ambos os lados do cérebro e ajuda a reduzir os momentos em que o controle do cérebro pensante fica por conta do cérebro emocional.

Para seguir o SISP, você deve fazer a distinção entre pensamentos, imagens, sentimentos e sensações. "Quero uma Coca-Cola" é um pensamento. O desespero é um sentimento. Ver-se em estado de privação é uma imagem. A maioria de nós não tem consciência de que nossas sensações físicas estão associadas aos nossos pensamentos e sentimentos. Onde ficam localizadas as sensações em seu corpo? Na boca? No estômago? Na cabeça? Descreva-as precisamente, sem interpretações: é, por exemplo, uma sensação forte de formigamento em minha garganta que fica pulsando. Concentre-se na sensação. Ela se move? Varia de intensidade? É muito profunda? Até onde vai? Você a sente em alguma outra parte do corpo? Dê às sensações o tipo de atenção que daria a alguém que você acabou de conhecer e o deixou curioso. A ideia é reconhecer o que você está sentindo sem tentar mudá-lo.

O SISP é uma prática de consciência que fortalece nosso "eu como testemunha", ou o que o monge budista Thich Nhat Hanh chama de nossa mente azul como o céu. Nossos pensamentos e sentimentos são como as nuvens que atravessam o céu. Mesmo coberto de nuvens, o céu azul continua lá, calmo e sereno.

Gosto de pensar nessa mente azul como sendo eu mesma em uma condição melhor ou superior. É aí que se encontra o que realmente desejo. Quero ter certeza de que essa é a mente que está no comando da minha vida, pois do contrário posso perder o rumo por causa de minha mente habitual com suas nuvens de apego (quero isto agora, e que se danem as consequências) ou de aversão (não aguento tal coisa nem por mais um segundo). É por isso que gosto da citação da especialista em recuperação e ex-alcoólatra Karen Casey, que abre este capítulo. Ela nos faz lembrar que não podemos confiar na mente que nos leva à tentação ou aos hábitos negativos. Devemos acreditar, isto sim, que nossos sentimentos e pensamentos mudarão, e que não somos obrigados a agir de acordo com eles – ou deixar de agir por causa deles.

Experimentei esse processo com centenas de pessoas em todos os tipos de estados emocionais. Normalmente, após alguns minutos de concentração, a sensação desaparece. Às vezes, no início, ela fica mais forte. Mas, no final, diminui. É como se todos os sentimentos e pensamentos dos quais sempre tivemos medo e fugimos, ou aos quais cedemos, não passassem de crianças de 2 anos irritadas em seu desespero para chamar atenção. Se simplesmente nos sentarmos e, de fato, prestarmos atenção nelas por alguns minutos, elas se acalmarão.

Esse processo funciona – mas é preciso repeti-lo. Dependendo do que você esteja mudando, do tamanho do medo que tenha de superar ou da frequência com que os desejos surjam, você pode ter necessidade de recorrer ao SISP várias vezes por dia. Houve breves momentos em minha vida em que o usei de hora em hora. É preciso ter um pouco de coragem para enfrentar aquilo que parece atormentá-lo, em vez de fugir. Por sorte, o alívio que você sentirá fará com que o processo seja mais fácil da próxima vez que precisar dele.

RECORRA AO SISP QUANDO ESTIVER DIANTE DE SENTIMENTOS FORTES

Sensações: Quais são as sensações em meu corpo (*calor, frio, pressão, constrição, expansão*)? Onde estão localizadas?

Imagens: Que imagens estão aparecendo (*eu mesmo em posição fetal, uma parede branca, um avião em queda*)?

Sentimentos: Que emoções estou sentindo (*medo, tristeza, raiva, letargia, desesperança*)?

Pensamentos: Que histórias estou contando para mim mesmo (*não consigo sobreviver, isto nunca terá fim, sempre estarei sozinho*)?

O importante é reconhecer o que está acontecendo dentro de você, para não precisar agir de acordo com isso.

QUE TAL SE DIVERTIR UM POUCO COM ISSO?

O humor é, de longe, a atividade
mais importante do cérebro humano.
– EDWARD DE BONO

Patrick começou a aprender coisas sobre nutrição quando foram diagnosticadas alergias alimentares em um de seus filhos. Ele era o típico rapaz do Meio-Oeste norte-americano que adorava hambúrgueres e batatas fritas do McDonald's. Agora, ele diz: "Frequento tanto uma loja vegetariana que o pessoal de lá já me conhece pelo primeiro nome." Mas Patrick não é um fanático. "Só consegui aprender a me alimentar de modo saudável porque descobri maneiras divertidas e interessantes de fazer isso. Gosto de cozinhar e comer todas essas coisas diferentes. Mas, se levasse isso muito a sério, ficaria entediado e me sentiria privado. Ainda tenho minhas pequenas resistências, como beber café com leite de soja. E rio de mim mesmo no trabalho por comer coisas esquisitas. Mas meus colegas veem como estou bem fisicamente e se interessam em saber a respeito de tofu e quinoa."

Lynn é uma jovem professora assistente de arqueologia. Tem uma carga horária pesada, está mergulhada até o pescoço em sua pesquisa, orienta um grupo de alunos de pós-graduação e está tentando ter o número suficiente de publicações para garantir sua efetivação. Apesar dessa sobrecarga, ela consegue se exercitar todos os dias. "Só consegui fazer isso quando encontrei atividades que gosto de fazer – nadar e jogar squash. Gosto tanto desses dois esportes que eles são como pequenas ilhas de prazer no meio do meu dia. Tornar a coisa divertida tem sido meu segredo para alcançar o sucesso."

Você se diverte? Penso em diversão de duas maneiras. Primeiro, há a possibilidade de você realmente gostar do novo hábito. Isso fica muito mais fácil quando escolhemos algo gratificante – entrar para uma aula de dança, conhecer um bairro novo, acabar com a pilha de papéis sobre sua mesa, ir atrás do seu sonho de tirar o brevê. Quanto mais formas você conseguir encontrar de tornar o novo hábito divertido, mais chance terá de segui-lo.

Mas há outro tipo de diversão que independe do que você tiver escolhido. É parar de se levar tão a sério. A intenção e a determinação são maravilhosas, mas funcionam melhor quando misturadas com um toque de humor. Quando estou para perder a calma, por exemplo, imagino a manchete do jornal local: AUTORA DE LIVRO SOBRE PACIÊNCIA ESTOURA OS MIOLOS DO MARIDO POR NÃO SE LEMBRAR DO QUE ESCREVERA 30 MINUTOS ANTES. Acho graça em mim mesma, me descontraio e relaxo.

Lembre-se de que nosso cérebro emocional quer diversão. Recentemente uma cliente que estava para se casar queixou-se de como era difícil evitar as brigas com os parentes quando se tratava dos preparativos da cerimônia. "Divirta-se um pouco com isso", recomendei. "Peça ao seu noivo que ajude a aliviar a pressão. Imagine cenas absurdas e cômicas. Prepare na mente discursos desconcertantes. Rir da situação permitirá que você mantenha mais facilmente sua intenção de permanecer calma."

Levamos nossos problemas muito a sério. Tempere a vida com um pouco de humor.

Peça ajuda às mãos invisíveis

Pense em si mesmo como um poder incandescente, iluminado por Deus e por seus mensageiros, com quem talvez eles vão conversar para sempre.

– BRENDA UELAND

Eu descreveria meu amigo Rick como um ateu devoto. Assim, fiquei surpresa ao ouvi-lo falar sobre uma experiência que teve uma vez. "Eu estava em um retiro, fazendo meditação, e sentindo muitas dores no corpo. Não sabia se conseguiria permanecer sentado por mais tempo. Então, lembrei-me de algo que meu professor Joseph Goldstein dissera. Para ele, existem em outras esferas todos os tipos de budas e devas que nos ajudarão se os invocarmos. Foi o que fiz, e a dor desapareceu no mesmo instante." Lembrei-me das palavras de Rick anos mais tarde, quando Sombofu Some, da tribo dos dagaris, na África Ocidental, me disse: "Os ancestrais estão aí, sempre prontos para nos ajudar se pedirmos."

Esses dois incidentes vieram-me à mente recentemente, enquanto eu estava entrevistando Gina, uma alcoólatra que se mantém sóbria há 20 anos. "Tentei parar de beber muitas vezes antes, sem conseguir", explicou. "Quando o médico disse que meu fígado estava apresentando lesões, resolvi tentar novamente. Ao chegar ao AA, falei sobre o medo que tinha de sentir vontade de beber. 'Coloque-se de joelhos e peça a Deus que leve a vontade embora', foi o conselho que ouvi. Segui o conselho e nunca mais tive vontade de beber."

Deus, ancestrais, budas e devas... Todas as culturas acreditam em algum tipo de poder superior ou de "mãos invisíveis", como o chama Joseph Campbell, uma força espiritual que deseja o melhor para nós e que virá em nosso socorro se pedirmos. Não sei ao certo qual é a minha crença, mas acredito que um grande número de seres humanos já recebeu muita ajuda e conforto de uma fonte espiritual. E sei que, às vezes, quando as coisas ficam difíceis, a única coisa que podemos fazer é levantar as mãos e gritar: "Isso está além das minhas forças!" Esse é o primeiro passo em todos os programas de 12 passos que já ajudaram milhões de pessoas a mudar para melhor. Acredito que se trata de um recurso importante no que quer que estejamos fazendo.

Lembro-me de um terapeuta que certa vez me aconselhou a rezar a fim de pedir ajuda para encontrar uma relação amorosa duradoura. "Como rezo?", perguntei. "Abra a boca e grite 'Socorro!'", respondeu.

Na verdade, isso é tudo o que você tem de fazer. Peça ajuda: "Ajude-me a manter a calma com meu filho." "Ajude-me a ver o que há de bom no dia de hoje." "Ajude-me a escolher os sócios certos para o negócio." "Ajude-me a comer de forma saudável." "Ajude-me a ter paciência e me controlar mais." Seja o que for que você esteja fazendo, peça ajuda às mãos invisíveis. Você não precisa entender nem acreditar. Como tudo na esfera espiritual, esse é um mistério para nós no plano humano.

Ah, sim, mais uma coisa. Não se esqueça de aceitar a ajuda que pode aparecer. Não seja como o homem da velha piada que está sentado no telhado de sua casa durante uma enchente, pedindo a Deus que o salve. Aparece um barco a remo com dois homens que se oferecem para levá-lo. "Não", responde ele, "estou esperando que Deus me salve." A água vai subindo. Logo passa um helicóptero. "Estou esperando Deus", diz o homem. Por fim, as águas da enchente cobrem a casa e o homem se afoga. Ele se vê diante de Deus. "Rezei ao Senhor. Por que não me salvou?", pergunta ele. "Enviei um barco e depois um helicóptero", responde Deus. "O que mais você queria?"

Você não precisa devorar o pacote todo só porque comeu uma bolacha

O mais difícil não é mudar o mundo, mas a si mesmo.

– NELSON MANDELA

Era a 12ª semana de minha decisão de não beber Coca-Cola. Você sabe como é – eu ia me saindo muito bem até ter algumas recaídas. Estava viajando durante duas semanas, o que me obrigava a acordar em fusos horários diferentes e a ter de estar "ligada" cedo todos os dias. Eu precisava de uma injeção de cafeína para começar a funcionar e para isso recorri a uma Coca-Cola. Depois duas. Depois...

Você já sucumbiu à síndrome "já que comi uma bolacha, vou comer o pacote todo"? Não precisa ser só com comida – pode ser um cigarro, um momento de explosão de raiva, um ataque de medo de assumir aquele risco no negócio, um dia sem ir à academia. Qualquer coisa que nos leve a fazer o que juramos que não faríamos ou a não fazer o que prometemos que iríamos cumprir. Ficamos com tanta raiva de nós mesmos por termos transgredido uma regra que nos castigamos abandonando todo o controle. Nós nos entregamos completamente à substância proibida, ou nos irritamos ainda mais com nosso cônjuge. Ou nos deixamos paralisar inteiramente pelo medo. Ou decidimos que é melhor desistir porque falhamos um dia.

Os psicólogos chamam isso de efeito da violação de abstinência. Segundo eles, é o resultado de uma atitude do tipo ou tudo ou nada em relação ao nosso comportamento. É paradoxal – quanto mais nos agarramos a um padrão rígido, mais abusamos daquilo que proibimos a nós mesmos assim que cometemos um deslize. Veja a explicação de Susan Nolen-Hoeksema em *Eating, Drinking, Overthinking*: "Quando você estabelece para si mesmo regras absolutas que muito provavelmente serão violadas e depois as viola, você se sente mal com você mesmo e se afunda na depressão. Então, você come ou bebe [ou cede a outros comportamentos negativos] para escapar daquele sentimento." Parece familiar?

As coisas não precisam ser assim. Uma forma de inverter o efeito da violação de abstinência é saber de antemão que os momentos de recaídas serão inevitáveis. Seja o que for que esteja aprendendo, em algum lugar ao longo do caminho você cometerá um deslize. Com certeza. Sabe por quê? Não porque você é fraco, idiota ou indisciplinado. Os psicólogos James O. Prochaska, John C. Norcross e Carlo C. DiClemente, que estudam os mecanismos da mudança há mais de 20 anos, dizem que isso acontece porque aquilo que chamam de recaída (um retrocesso temporário aos velhos hábitos) é uma parte inevitável do processo de mudança. É simplesmente uma consequência lógica. Quanto mais você entender e, de fato, aceitar essa verdade, menos consequências negativas haverá quando vier a recaída. Ter uma recaída não obriga ninguém a se castigar cedendo ainda mais à tentação. Significa apenas que se hoje você teve uma recaída, amanhã poderá fazer outra escolha.

Foi assim com a Coca-Cola. Um tempo antes, eu teria dito depois de tomar a primeira: "Bom, já que bebi uma, agora posso beber três – ou voltar a beber uma por dia". Mas, dessa vez, eu me permiti beber a primeira Coca-Cola e no dia seguinte voltei à minha decisão. Consequentemente, em 66 dias, bebi seis Coca-Colas. Nada mal. Com certeza, foi melhor do que as 66 ou mais que eu teria bebido se tivesse cedido ao efeito da violação de abstinência.

Aqueles que estudam esse fenômeno dizem que o melhor é preparar-se para as recaídas. Reconheça *agora* que você pode cometer deslizes e comprometa-se a não desistir. Do que você quer se lembrar quando tiver uma recaída? Anote e leia quando precisar. Aqui está o que quero: "Eu me comprometo a não beber Coca-Cola, mas, se tiver um deslize e beber, não será o fim do mundo. Posso fazer uma escolha melhor amanhã."

No nível mais profundo, evitar o efeito da violação de abstinência requer que você desenvolva a capacidade de se perdoar, a capacidade de se libertar com compaixão do peso da condenação e do ódio de si mesmo quando cometer um erro. Muitos de nós pensam que o perdão é apenas uma forma de nos permitirmos fracassar sem sofrer as consequências. Mas, na verdade, é o contrário. Perdoar-nos pelas recaídas impede-nos de infligir a autopunição que, na verdade, nos leva a criar o erro – comer o pão inteiro porque você deu uma mordida.

Perdoar-se é uma atitude que o impedirá de se machucar mais e o fará acolher-se com ternura. Mas também aumentará sua compaixão pelos outros. Minha experiência com clientes mostra que, os mais rígidos com eles mesmos também impõem aos outros padrões impossíveis. Os laços do julgamento que nos prendem a expectativas irrealistas também nos impedem de aceitar outros seres humanos como são. Quando perdoamos nossas próprias fraquezas e fracassos, cultivamos a capacidade de fazer o mesmo por aqueles que precisam do nosso cuidado amoroso. Expandimos a capacidade do nosso coração.

Assim, quando tiver uma recaída, como muito provavelmente terá, por favor, perdoe-se e siga em frente. Como aconselha William Durant, "esqueça os erros passados. Esqueça os fracassos. Esqueça tudo, menos o que você fará agora. E faça-o". Você estará assim desenvolvendo sua alma.

Observe os pontos fortes que você está cultivando em seu caráter

Suas convicções tornam-se seus pensamentos.
Seus pensamentos tornam-se suas palavras.
Suas palavras tornam-se suas ações. Suas ações
tornam-se seus hábitos. Seus hábitos
tornam-se seus valores.
Seus valores tornam-se seu destino.

– MAHATMA GANDHI

Ana costuma fazer o dever de casa o mais rápido possível. O lado positivo, como mostrou a professora, é que ela não tem medo de cometer erros. O lado negativo é que comete erros por falta de atenção. Assim, os novos hábitos que ela vem trabalhando este ano consistem em examinar suas respostas e ser mais cuidadosa.

Ao ajudá-la, tenho percebido que, como é o caso de todos nós, o problema tem mais a ver com algo que vai além de acertar as respostas na prova de ciências da terceira série. Tem a ver com desenvolver pontos fortes de caráter que ela poderá usar ao longo da vida – persistência, esmero e esforço para chegar à excelência pessoal. Quando trabalho com Ana para que seja mais cuidadosa, isso a ajuda a ver as coisas nesse contexto maior. Porque, francamente, ela e eu sabemos que o fato de resolver os problemas de matemática na terça-feira não é importante em um contexto mais abrangente. O importante é cultivar os pontos fortes de caráter que a solução dos problemas exige. Quando eu a ajudo a se concentrar *nisso*, torna-se mais fácil para ela refazer os cálculos de matemática e realizar um trabalho mais caprichado.

O mesmo pode se aplicar a qualquer pessoa. É claro que você deseja perder aqueles 18 quilos, buscar um emprego que o gratifique, livrar-se das dívidas, ou seja lá qual for seu hábito novo. Essas são metas dignas que produzirão recompensas específicas – mais saúde, um trabalho mais desafiador, menos estresse financeiro. Mas, como você sabe, o processo para atingir essas metas pode ser entediante, enfadonho, assustador, complicado ou uma série de outros adjetivos desagradáveis. Quando está atento para as qualidades positivas do coração e da mente que você está desenvolvendo ao perseguir seus objetivos, você fica mais estimulado a perseverar.

Quais são os pontos fortes de caráter que você vem cultivando enquanto desenvolve sua mudança? A capacidade de dizer não a impulsos que podem prejudicá-lo (autoestima)? A consciência de poder confiar em si mesmo (autoconfiança)? A capacidade de se levantar e recomeçar, não importa quantas vezes (resiliência)? A determinação de se dar bem? Humor? Compaixão? Humildade? Paciência? Perdão? Coragem? Todos eles?

Em muitos sentidos, desenvolver essas qualidades é a verdadeira recompensa da mudança. Em minha opinião, elas são mais importantes do que a decisão em si, porque criam em nós as condições de que precisamos para a vida expressiva e gratificante que gera felicidade.

É por isso que digo que mudar qualquer coisa em nós mesmos, por menor que seja, é uma ação poderosa. Por meio dela, fazemos crescer aspectos que, de outra forma, não desenvolveríamos. Isso acontece porque os pontos fortes de caráter só se formam quando enfrentamos algum tipo de desafio, ou superamos nossos limites.

Eis o que Brenda Edson, que perdeu 19 quilos e manteve o peso por meio de exercícios físicos e de uma alimentação correta, tem a dizer sobre as qualidades que cultivou: "O que desenvolvi foi a força de vontade, uma determinação interior de fazer a coisa dar certo. Tive que desenvolver a persistência para evitar o fracasso. Há momentos em que tenho recaídas. A diferença é que agora possuo uma visão de longo prazo. Se cometer um erro, não me deixo abater e sigo em frente.

Ganhei coragem também. Coragem para olhar para mim mesma de forma honesta e objetiva. Coragem para fazer mudanças drásticas em minha vida. Coragem para ignorar todas as pessoas bem-intencionadas que diziam: 'Ah, um pedacinho de bolo não vai fazer mal. Você está ótima.' Coragem é a palavra que melhor descreve o que senti. Tive de encontrar forças dentro de mim para subir naquela esteira e fazer o corpo suar e os músculos queimarem. Por isso outra qualidade foi a força. Nunca me considerei uma mulher forte antes de fazer essas mudanças em minha vida. Mas, agora, sei que tenho uma força interior que me levará a seguir em frente, mesmo quando não for tão fácil.

O resultado final é que descobri algo dentro de mim que nunca soube que existia. Descobri a paixão e a determinação que me ajudaram a passar por momentos de estresse e de crise. Descobri a motivação que me faz continuar e acreditar que posso ser uma pessoa melhor a cada dia."

Pense em alguma mudança que você fez em sua vida e procure colocar por escrito as qualidades que você desenvolveu durante o processo. É uma maneira de reconhecer seus esforços e de sentir-se estimulado a seguir em frente. Agora, como você vai celebrar as qualidades que acabou de identificar? Elas são seus verdadeiros tesouros e jamais poderão ser arrancadas de você.

CORRENDO UMA MARATONA: "MEU OBJETIVO É VENCER"

Jafet Perez percorria as ruas do leste de Oakland pichando prédios e arrombando carros. Então, aos 16 anos, ingressou em um programa que ajuda a recuperar jovens em situação de risco, treinando-os para maratonas. Apesar de ter sido expulso da escola, Jafet treinou e concluiu a maratona de 2005 em quatro horas e catorze minutos. "Gosto da competição, dos aplausos e de todos dizendo que você consegue", declarou. Na época, ele esperava bater o recorde na maratona de 2006 e declarou que a disciplina desenvolvida nas corridas lhe deu confiança para voltar a se matricular na escola e obter seu diploma do ensino médio. "Preciso sair das ruas e ocupar minha cabeça com alguma outra coisa. Meu objetivo é vencer na vida."

Quando você cria um hábito novo, ele é seu para o resto da vida

Somos as escolhas que fazemos.

– MERYL STREEP

Matthew é um executivo muito bem remunerado que veio me procurar porque queria melhorar sua capacidade de cultivar relacionamentos. Tinha o hábito de entrar no escritório, fechar a porta, abaixar a cabeça e mergulhar no que considerava seu "verdadeiro" trabalho. Mas reconheceu que, para ser realmente excelente, ele precisava sair de trás da mesa e interagir mais com os funcionários, chefes, vendedores e parceiros empresariais. Reconheceria a importância desses "cuidados e mimos", como eu os chamo, e estava trabalhando nisso havia seis meses.

"Talvez eu nunca chegue a gostar disso", admitiu, "mas tenho de dizer que compensou – a negociação de um contrato correu bem porque conversei com os membros da outra empresa em ambientes informais. Esses contatos facilitaram muito. No final da semana, quando avalio o que fiz, percebo que já não preciso me esforçar tanto para conviver com as pessoas e me programo para isso."

"Parabéns", respondi. "Você adquiriu um hábito novo! E eis uma boa notícia: todo esse seu empenho contribuiu para criar um novo caminho neuronal que permanecerá para sempre. Isso significa que você deixou de ter de fazer um esforço deliberado para agir de forma diferente e passou a fazê-lo de um modo relativamente automático. Você não precisa mais trabalhar tanto para obter os resultados que deseja. No processo de mudança, você agora está oficialmente na fase de manutenção."

Se você seguir as sugestões deste livro, em algum momento chegará lá também. O momento exato depende da complexidade do que você se propôs a fazer, da profundidade do velho hábito e da frequência com que você pratica o novo. Como diz Gary Zukav em *O coração da alma*, "a escolha é igual à criação... Você é o artista e também é a arte que está sendo criada".

Como saber que conseguiu? É uma pergunta importante. Lembre-se de que ser bem-sucedido não significa necessariamente que você é sempre perfeito. Pelo contrário; como Matthew, você quase sempre se sai bem e já não precisa se esforçar tanto. Volta mais facilmente aos eixos quando tem uma recaída. Isso indica que, com seu empenho, você criou um novo caminho em seu cérebro.

É importante reconhecer que você chegou a esse ponto, para poder comemorar. Facilmente nos concentramos nos momentos em que *não* fazemos as coisas da maneira correta, ou no que desejamos fazer *em seguida*. Todos somos *especialistas* em nos manter em um estado perpétuo de insatisfação. Mas é fundamental parar, reconhecer o progresso e celebrar o sucesso. Você conseguiu! Você se propôs a perder peso, ficar menos estressado, fazer amizades melhores, colocar sua situação financeira em ordem, ou qualquer outra coisa que desejou. E, por meio das escolhas positivas e de todo o esforço que fez, você criou um novo hábito saudável que pode ser seu para sempre.

Isso não é pouca coisa – lembre-se de que a maioria das pessoas que tomam decisões fracassa. Se você não reservar um tempo para celebrar seu sucesso, seu cérebro não registrará o que você fez. E você não conseguirá colher todos os frutos da aprendizagem. Pare e pergunte a si mesmo: como consegui isso? O que mais ajudou? O que não funcionou? O que fiz para retomar quando desanimei ou estraguei tudo? Dessa forma você acumula informações valiosas sobre como fazer qualquer outra coisa que desejar.

E saiba que não foi só uma jornada para perder peso ou tornar-se mais feliz ou mais organizado. Foi uma jornada em que você explorou seu coração e sua alma. Você teve de vislumbrar algo positivo para ir em direção àquilo que realmente desejava, aprendeu a se relacionar de um modo diferente com seus medos e resistências, desenvolveu qualidades como persistência e força de vontade, aprendeu a não ceder aos impulsos dos comportamentos que não desejava mais, desenvolveu compaixão e capacidade de se perdoar. Esses são recursos preciosos.

Então, por favor, reserve um momento agora para se felicitar, para reconhecer aonde você chegou e o que aprendeu ao longo do caminho. Se você estivesse cumprimentando um amigo, o que diria? Você estaria disposto a escrever um bilhete de parabéns para si mesmo e lê-lo em voz alta? Tudo isso reforça o comportamento que celebramos.

MENOS ESTRESSE: "FINALMENTE, ME SINTO LIVRE"

"Desde o ensino médio, sempre fiz mais do que o esperado", diz Alan. "Aos 33 anos, fui professor assistente de uma das faculdades da Ivy League. Artigos, alunos, pesquisas, palestras... eu corria 18 horas por dia. Então, meu mundo desmoronou quando machuquei a coluna. Eu não conseguia me mexer e ponto final. No início, tentei aguentar, mas acabei concluindo que tinha de mudar meus hábitos de trabalho. Restava-me uma quantidade limitada de tempo e de energia. Aprendi a estabelecer prioridades, a deixar de lado tudo o que não era essencial, e concentrei-me em minha saúde e meu bem-estar. Comecei a me exercitar (devagar) e a me perguntar quando uma nova oportunidade apareceria: 'A que estou disposto a renunciar para fazer isso?' Passaram-se nove meses e não só estou em boa forma física, como, finalmente, me sinto livre do turbilhão e da sobrecarga em que estava vivendo. Percebi que posso dizer 'não' e não apenas sobreviver, mas ter sucesso."

O velho caminho continua lá – cuidado com os fatores de estresse

Todos os hábitos que ele já teve continuam em seu corpo, adormecidos, como flores no deserto. Nas condições apropriadas, todos os seus velhos vícios brotariam, vivos e exuberantes.

– MARGARET ATWOOD

Todos conhecem a história de Peter Jennings, que deixou de fumar por muitos anos e depois recomeçou por causa do estresse provocado pelo 11 de setembro. Sua história é triste e serve de alerta sobre o modo como nosso cérebro está estruturado.

Assim como Peter quando largou o cigarro, a essa altura talvez você já esteja praticando seu hábito novo – comer da maneira correta, controlar seu temperamento, assumir riscos nos relacionamentos, organizar-se melhor – a ponto de criar um novo caminho em seu cérebro. Isso significa que ficou mais fácil para você agir de forma diferente, sem muito esforço ou lembretes. Os desejos diminuíram. O novo hábito pode até ser automático, ou seja, você não precisa pensar nele. Você simplesmente vai à academia depois do trabalho, consegue ficar calmo em situações provocativas, começou bem seu novo relacionamento, deixa o escritório mais cedo na maioria dos dias, consegue controlar o uso do cartão de crédito. A vida está boa!

Até que algo acontece – você muda de emprego e sua rotina se transforma drasticamente. De repente, você volta a comer chocolate enquanto assiste à televisão. Surge uma crise no escritório e todo o equilíbrio que você conquistou com sacrifício vai para o espaço quando você se vê trabalhando 18 horas por dia. O marido esquece de telefonar para avisar que vai chegar atrasado e você tem um ataque de fúria. Sua mãe deixa uma herança e você decide esbanjar dinheiro. O que aconteceu? Os psicólogos chamam isso de "tendência instintiva", a tendência de voltar ao velho hábito.

Mas por quê? Porque o caminho para o seu velho comportamento ainda se encontra em seu cérebro. Os cientistas dizem que os neurônios que queimam juntos se conectam juntos (ou seja, é provável que queimem daquele mesmo modo da próxima vez) e você queimou essa sequência específica tantas vezes que ela não desaparece. Não desanime – lembre-se de que você criou um novo caminho por meio de seu esforço e ele *também* está lá.

Pense nas duas opções como estradas paralelas. Enquanto estiver na estrada nova, você obterá os resultados que deseja. No entanto, o estresse pode fazer seu carro atravessar a pista e saltar para a velha estrada num piscar de olhos.

Os psicólogos chamam a aptidão de cumprirmos nossas intenções de capacidade de autorregulação, também conhecida como o bom e velho autocontrole. Estudaram essa capacidade extensivamente, e o que descobriram pode, de fato, nos ajudar a ficar longe da velha estrada. Primeiro, eles comparam a autorregulação a um músculo que fica exausto depois de ser usado. Estudos mostraram que é muito mais difícil cumprir sua intenção quando você teve de usar o autocontrole em alguma outra área. Também é muito mais fácil cumpri-la de manhã, quando você está revigorado, do que no final da tarde, quando suas energias se esgotaram. É por isso que os Alcoólicos Anônimos, os Vigilantes do Peso e outros grupos de apoio ensinam seus membros a serem particularmente cuidadosos quando estão com fome, com raiva, sozinhos ou cansados.

Tudo bem, então devemos descansar bastante e evitar o estresse para pouparmos nossa capacidade de autocontrole. Mas não são muitos os que conseguem controlar totalmente o nível de estresse e de cansaço. Podemos tentar administrá-lo e minimizá-lo, mas, às vezes, a vida simplesmente nos põe em uma situação difícil.

É nessas circunstâncias que as informações são extremamente úteis. Ao identificar o que provoca seu estresse, você pode pensar em alternativas antes de se descontrolar. Por exemplo, sei que, quando estou pressionada por um prazo, sacrifico minha rotina de exercícios. Com medo de não terminar a tempo, uso cada minuto para escrever. Ao tomar consciência desse padrão, organizo minha vida no início do dia: poderei faltar à academia, que ocupa quase uma hora, se, nesta noite, quando estiver muito cansada de trabalhar, dançar com Ana e Don por 20 minutos. O que você pode planejar antecipadamente para lidar com o estresse que muito provavelmente terá de enfrentar?

Sem dúvida, não podemos fazer planos para cada eventualidade. Mas, ao entendermos a razão por que perdemos o controle sob estresse, podemos tratar a nós mesmos com delicadeza e não piorar as coisas. Isso não acontece porque você é fraco. Trata-se de uma função da fisiologia do cérebro. Faça uma pausa e depois leia o próximo capítulo. Você obterá outras sugestões práticas para voltar a entrar nos eixos.

Uma vez fora do caminho, adote os quatro As

Na ficção ou na vida, nunca é tarde demais
para se fazer uma análise.

– NANCY THAYER

Você estava se saindo bem quando, de repente, algo jogou areia em sua fórmula de sucesso. Para Oprah Winfrey, ela voltou a engordar por causa de problemas nos joelhos que a impediram de correr. Para Tracy, uma cliente, foi a crise orçamentária de sua empresa. De repente, ela teve de passar muitas noites e fins de semana tentando encontrar formas de cortar custos, o que interferiu em sua intenção de obter um melhor equilíbrio entre trabalho e vida pessoal. Para mim, foi o fato de minha academia fechar as portas três semanas antes do Natal. Entre a agitação das férias (não tive tempo de procurar outro lugar) e as festas, acordei no segundo dia de janeiro com uma quantidade considerável de peso extra.

Não se engane – os contratempos são muito ruins. Lá está você de novo no ponto de partida. Na verdade, é ainda pior porque você pôs para funcionar aquela parte de sua mente que sussurra: "Está vendo? Você não consegue fazer isso. Desista. Ceda. Nem vale a pena tentar." Esse é um momento realmente perigoso. Se ouvimos essa voz, jogamos fora todas as conquistas feitas e diminuímos a possibilidade de voltar a mudar, porque perdemos a fé em nós mesmos.

É por isso que, quando as circunstâncias nos arrancam do caminho, como inevitavelmente acontece, é hora de usarmos os quatro As:

1. Avalie a situação atual.
2. Ajuste o que for preciso.
3. Admire-se por ter força para recomeçar (uma estratégia de Bob Greene, guru da boa forma).
4. Aja rapidamente para implementar seu novo curso de ação.

Por exemplo, Oprah avaliou seus problemas nos joelhos, encontrou uma nova rotina de exercícios, felicitou-se por sua capacidade de recomeçar (Greene foi seu treinador e é bem provável que ele tenha lhe ensinado a fazer isso) e pôs em ação seu plano revisado. Agora, mais uma vez, ela está com uma ótima forma física. Tracy viu que sua crise no trabalho se resolveria em um mês. Organizou-se para poder dedicar-se à família naquelas quatro semanas, orgulhou-se por estar disposta a tentar novamente e decidiu que, ao final das quatro semanas, voltaria a tirar folga nas tardes de sexta-feira. Encontrei uma nova academia e tracei um plano de exercícios mais eficaz aliado a uma dieta melhor.

Em minha opinião, os As mais importantes são os dois últimos. Admirar a si mesmo é algo que nos ajuda a permanecer positivos e a não mergulhar na autoestima negativa – "Ah, esse fracasso prova que eu não consigo fazer isso direito". Transforma um contratempo em uma injeção de autoestima quando lembramos que é preciso ter muita coragem e persistência para não desistir.

Agir rapidamente também é fundamental. Do contrário, perderemos a energia de nosso empenho e voltaremos aos nossos velhos comportamentos nocivos. Espero que você já tenha criado planos de contingência, como sugeri na terceira parte. Talvez possa colocar um deles em ação agora. Eu sabia que minha academia estava fechando, mas não fiz nada para procurar uma nova. Nunca me ocorreu que levaria tempo para encontrar a academia certa ou que a minha fecharia durante as férias, quando eu tinha pouco tempo para procurar.

Há contratempos que não podemos prever – sua mãe vai morar com você, seu marido perde o emprego –, o que nos impede de ter um plano B. É aí que a avaliação e o ajuste entram em cena. O que não é aceitável é desistir e voltar atrás. *Como* e *quando* você vai enfrentar a nova situação é algo que está aberto a todos os tipos de rearranjos.

Manter essa consciência diante de contratempos é fundamental. Lembro-me de uma amiga que veio me visitar por alguns dias e me perguntou onde ficava a academia mais próxima. Enquanto outras amigas e eu ficávamos sentadas de manhã conversando, ela saía por uma hora. Na época, achei que era um certo fanatismo. Agora, respeito sua capacidade de não deixar que as viagens sejam obstáculos aos seus exercícios. E você deveria ver como ela está maravilhosa aos 50 anos.

Lembre-se de que até Oprah teve de recomeçar muitas vezes – e, ainda por cima, na frente de milhões de telespectadores. Assim, quando sair do caminho, ponha os quatro As para funcionar. Não importa quantas vezes você recomece. O importante é recomeçar.

Torne-se um especialista em recomeçar – você não só realizará seu sonho, como aumentará sua autoestima, o respeito por si mesmo e a autoconfiança.

DOZE DICAS PARA CUMPRIR SUA PROMESSA A SI MESMO

✦

1. TORNE-A INEGOCIÁVEL

Prometa a si mesmo que vai cumprir sua promessa de qualquer maneira. Quando, onde e como podem – e muito provavelmente irão – mudar de acordo com as circunstâncias. Mas *o fato de que* você irá cumpri-la está fora de cogitação. Chame-a de promessa, voto, juramento, compromisso. Seja qual for o nome, torná-la obrigatória é uma ferramenta para superar os deslizes depois que o entusiasmo inicial desaparecer. Você não negocia com você mesmo quando o assunto é escovar os dentes. Você simplesmente os escova. Aposto que normalmente honra seus compromissos com outras pessoas também. Trate-se da mesma forma. Faça de sua decisão um compromisso inegociável em sua vida.

2. TORNE-A PASSÍVEL DE SER COLOCADA EM AÇÃO

Seu objetivo é concreto o suficiente? Muitos de nós fracassamos porque não transformamos nossa meta em algo para fazer de fato. Ontem, um cliente disse que se concentraria mais em si mesmo e na família e menos no trabalho. "Como você vai colocar isso em prática?", perguntei. Ele ficou em silêncio. Eis algumas soluções que ouvi de clientes: ter mais energia... aprender a relaxar... aprender a tomar decisões. Não há nada de errado com esses desejos. Mas eles devem ser traduzidos em ações. As ações dizem *como* você vai fazer algo – vou para a cama mais cedo e fazer exercícios durante 30 minutos todos os dias para ter mais energia; vou passar meia hora do dia relaxando com os pés para cima; na sexta-feira, vou tomar uma decisão sobre as férias. Para ter sucesso, você *tem* de saber que ações vai tomar.

3. PENSE EM SOLUÇÕES PARA SUAS DESCULPAS COMUNS

Qual é sua lista normal de desculpas e justificativas? Uma forma de saber isso é perguntar a si mesmo o que o impediu no passado de manter qualquer decisão. Esqueceu-se? Não teve tempo? Perdeu o interesse? Não soube como começar? E quais foram as justificativas que você deu para si mesmo quando desistiu no passado? Não é importante? Não é tão ruim assim? É muito difícil? Em vez de esperar que dessa vez seja diferente, anote suas desculpas e justificativas habituais e, antes de começar, crie estratégias para lidar com elas. Desse modo, você não se sentirá impedido nem perderá o pique para seguir em frente quando as desculpas e justificativas surgirem. E pode ter certeza de que elas vão surgir! Por causa do modo como nosso cérebro forma conexões, temos uma forte tendência a repetir os comportamentos várias vezes.

4. USE O ADIAMENTO EM SEU FAVOR

Mike R. Jay, consultor de negócios, diz que 60% da população é "movida a pressão". São pessoas que precisam receber informações durante muito tempo antes de serem forçadas a agir pressionadas por algum prazo externo. Os outros 40% são os "adiantados", que preferem dar o pontapé inicial e evitar a pressão. Se você está entre a maioria que é movida a pressão, descubra um prazo que o ajudará a se mexer – uma reunião, férias, um casamento, um espetáculo. Um ator que queria fazer dieta e exercícios, finalmente começou a se mexer quando conseguiu o papel principal em uma produção que exigia que ele se exibisse com uma cueca fio-dental dentro de três meses. Uma mulher concluiu sua tese de Ph.D., que vinha adiando havia anos, quando conseguiu um emprego que exigia o doutorado. Para funcionar de forma mais eficaz, o prazo deve ser real e vir de uma fonte externa. As pessoas movidas a pressão em geral não cumprem os prazos criados por elas mesmas.

5. DETERMINE UM HORÁRIO

Antes de janeiro de 2004, eu nunca tinha feito qualquer exercício. Nos últimos dois anos e meio, cumpri cerca de 80% das vezes minha decisão de me exercitar 30 minutos por dia. Como consegui? Anotei esse item em minha agenda e tratei-o como se fosse um compromisso com um cliente. Do contrário, é muito fácil preencher todo o meu tempo com coisas que gosto mais de fazer. Você quer escrever todos os dias? Marque isso na agenda. Quer começar a procurar alguém em um site de namoro? Determine um horário. Estabeleça um compromisso específico com você mesmo, com uma data e horário fixos, e você terá muito mais chance de cumpri-lo.

6. FAÇA-O TODOS OS DIAS

Quando pediram ao Dalai Lama que resumisse numa palavra o segredo para uma vida saudável, ele respondeu: "Rotinas." Os maus hábitos nos aprisionam; os bons hábitos nos aproximam mais do desejo de nosso coração. À medida que você executar algo que deseja incorporar à sua vida, isso se tornará tão rotineiro que logo você o fará automaticamente. Se quiser equilibrar mais trabalho e vida pessoal, por exemplo, procure realizar algo pequeno a cada dia: saia do escritório meia hora antes, passeie com a família depois do jantar, leia um romance antes de domir.

7. MONITORE SEU COMPORTAMENTO

Pesquisas mostram que, ao monitorar seu comportamento por escrito, você tem mais chance de obter um melhor resultado. Isso acontece porque o monitoramento é fundamental para a autorregulação, a capacidade de fazer o que você diz que deseja. O monitoramento pode assumir a forma de um diário em que você registra os alimentos que comeu, uma contagem do número de vezes que se controlou em um dia, do número de vezes que, em vez de se preocupar, você pensou positivamente e assim por diante. Você também se monitora quando concentra toda a sua atenção em algo. Comer e assistir à televisão ao mesmo tempo, por exemplo, dispersa seu foco.

8. CONCENTRE-SE NO HORIZONTE

Siga o conselho de atletas de alto desempenho. Observe até onde você chegou, não o que ainda falta fazer. Os cientistas chamam essa atitude de efeito horizonte. Ela incentiva ("Fiz isso duas vezes mais do que na semana passada!") e desenvolve a determinação ("Se já cheguei até aqui, posso continuar"). Concentre-se nos 4,5 quilos que perdeu; no armário que conseguiu limpar; na dívida de mil dólares que liquidou; na noite que reservou para si mesmo. Não se esqueça de se perguntar como conseguiu realizar a tarefa até aqui, para que seu sucesso lhe ensine formas de seguir em frente.

9. FAÇA UMA OPÇÃO DE CADA VEZ

Quando pensamos em mudar algo em nós mesmos, a tarefa pode parecer massacrante. Mas, na verdade, toda a nossa vida é constituída pelas escolhas que fazemos minuto a minuto, muitas das quais sem nos darmos conta. Como nos lembra Gary Zukav, "uma escolha inconsciente é uma reação... Uma escolha consciente é uma resposta". Tome consciência de suas escolhas. Se você estiver tendo dificuldade para manter sua decisão, tente praticar o seguinte: quando se flagrar retomando o velho mau hábito, pare e diga: "Minha escolha é..." (comer este chocolate, não fazer exercícios, ficar no escritório até mais tarde, ter uma recaída, empilhar papéis sobre a mesa, etc.). Você gosta de si mesmo quando faz essa escolha? Você pode fazer escolhas diferentes, momento a momento. No dia seguinte, tome consciência das escolhas positivas: minha escolha é jogar fora esses catálogos antigos, em vez de deixá-los empilhados; minha escolha é respirar fundo algumas vezes para me acalmar antes de falar; minha escolha é pagar os impostos hoje, em vez de esperar até a data limite. Quanto mais se concentrar na escolha positiva que pode fazer *a cada dia*, sem se preocupar com a possibilidade de mantê-la para sempre, mais você colocará o novo hábito em ação.

10. ENCONTRE UMA PESSOA QUE ESTEJA FAZENDO O QUE VOCÊ DESEJA E IMITE-A

Tenho uma amiga que quer perder peso. Quando estamos juntas, ela diz: "Vou ficar de olho no que você come e seguir o seu exemplo." Quando decidi ser mais amável, agradecida e generosa, fiz uma análise dos amigos e conhecidos que tinham essas qualidades e passei a observá-los e imitá-los. Ler livros ou ouvir fitas pode ser útil. Mas, quando se trata de mudar o comportamento humano, não há nada melhor do que os bons e velhos exemplos. Os bebês aprendem por imitação; por que os adultos não deveriam fazer o mesmo? Quem sabe fazer o que você deseja aprender? O que eles fazem que você não faz? Quanto mais observar intencionalmente aqueles que põem em prática o hábito que você deseja adquirir, mais eles lhe servirão de inspiração quando estiver sozinho. Observe e aprenda – e não tenha medo de fazer perguntas: "Como você consegue fazer todo o seu trabalho e ainda ter tempo para a família?"; "Ensine-me seus segredos para conquistar alguém"; "O que o torna capaz de assumir riscos?". A maioria das pessoas gosta de ensinar, se tiver oportunidade.

11. ENSINE-O A OUTRA PESSOA

Uma ótima maneira de reforçar um novo hábito é tornar-se um mentor. Lembrei-me disso um dia desses, quando um cliente que me procurou para aprender a ser paciente disse: "Você ficaria orgulhosa de mim. Eu estava ajudando um funcionário meu a se dar melhor na vida e me vi repetindo coisas que você diz sobre saber quando é hora de avançar e quando é hora de recuar. Percebi quanta coisa aprendi sobre a paciência e o fato de ensinar essa pessoa reforçou minha capacidade." Uma dica fundamental para fazer com que essa prática seja a mais eficaz possível: pratique você mesmo o que estiver ensinando a outra pessoa. Siga seu próprio conselho sobre o assunto. É uma maneira de realmente fazer o que diz.

12. SEJA GENTIL COM VOCÊ MESMO

"Esquecemos qualquer coisa que sabemos. Isso tem a ver com ficarmos confusos e não ficarmos confusos." Esse é um conselho sábio da mestra budista Sylvia Boorstein para nos lembrar que somos apenas humanos. Fazemos o melhor que podemos. Às vezes, estragamos tudo ou nos esquecemos. Quando isso acontece, o importante é nos mantermos no amor. Você e eu somos seres humanos lidando com os desafios do crescimento. Quando nos tratamos com gentileza, não desmoronamos diante da vergonha ou da culpa e então podemos tentar novamente com mais sabedoria, justamente por termos vacilado.

AUTOCRIAÇÃO CONSCIENTE

✦

Existir é mudar, mudar é amadurecer, amadurecer é continuar a se criar infinitamente.

– HENRI BERGSON

Geena Davis declarou numa entrevista que aprender tiro ao alvo aos 40 anos mudara completamente sua maneira de ver a si mesma e ainda a levara a ter um relacionamento bem-sucedido que já durava oito anos: "Os esportes são 90% mentais", disse ela, "e passei a perceber que eu sempre pensava: 'Ah, que tiro horrível! É bem provável que as pessoas estejam rindo de você. Você deveria ter vergonha!' Percebi que, se eu estava dizendo aquilo para mim mesma durante o exercício, era provável que estivesse fazendo o mesmo em outros momentos da minha vida. Adquirir confiança em minhas habilidades físicas, reconhecer que tinha o direito de ter meu espaço e ficar feliz com meu desempenho era a última peça do quebra-cabeça... Comecei realmente a gostar de mim."

É exatamente assim que as coisas funcionam. Você se propõe a fazer algo novo, como aprender tiro ao alvo, ser voluntário em uma obra social, ou aproveitar mais a vida, e algo mais importante acontece como resultado dessa decisão. Você se torna mais consciente de si mesmo e dos seus mecanismos – do modo como coloca obstáculos em seu caminho, do modo como avança, do modo como mantém o pique. E, já que o modo como você faz qualquer coisa é o modo como faz tudo, o que você aprende não se aplica só ao tiro ao alvo, ou ao desejo de ser mais feliz, mas a tudo o que existe em sua vida. Você agora sabe muito mais sobre o que o leva a agir, o que o motiva e desanima e as qualidades que pode aplicar em cada situação.

Ao entrevistar dezenas de pessoas para este livro, o que me surpreendeu várias vezes foi o modo como cada uma delas, como Geena Davis, não só aprendia um novo hábito, mas desenvolvia visivelmente sua autoestima. As pessoas sentiam-se satisfeitas não só porque estavam cumprindo uma meta particular, mas porque agora sabiam, no mais íntimo de seu ser, que seriam capazes de cumpri-la novamente. Esse tipo de autoconfiança não é obtido com afirmações superficiais, mas conquistado com o suor das experiências vividas. As pessoas sabem que podem realizar aquilo que estão determinadas a fazer porque já o fizeram antes.

Quando decidimos manter uma decisão de ano-novo, mudar um hábito ou realizar um sonho, estamos basicamente envolvidos no grande ato da autocriação consciente. Em vez de ficarmos presos ao modo como somos agora, podemos, de fato, escolher os hábitos mentais e as qualidades da alma que desejamos cultivar. De forma consciente, podemos escolher os comportamentos e as habilidades que desejamos aprender, a vida que desejamos ter e assim avançar rumo a um resultado bem-sucedido. Não de forma perfeita – porque todos trazemos uma bagagem e a vida nem sempre é boa ou justa –, mas progredindo e crescendo, porque já temos uma experiência de sucesso à qual recorrer. Nesse sentido, criar um novo hábito nos dá dois presentes espirituais preciosos: a esperança de que nosso futuro será mais brilhante por causa dos esforços que fazemos e a fé de podermos realizar além do que desejamos para nós mesmos. Do que mais precisamos para ter uma vida de sentido e beleza?

Cada um de nós tem a oportunidade de mudar e de crescer até o último suspiro. Feliz criação.

CONHEÇA OUTROS TÍTULOS DA AUTORA

O poder da paciência

O trabalho se avoluma numa velocidade assustadora. A agitação das grandes cidades nos deixa exasperados. O telefone celular não para de tocar. A aceleração do mundo nos deixa estressados e, muitas vezes, infelizes. Mais do que nunca precisamos de paciência!

A paciência nos ajuda a aproveitar ao máximo nossos talentos, a administrar a raiva, a crescer no amor e a usufruir o prazer de cada momento. Através de exemplos extraídos do dia a dia, *O poder da paciência* estimula a reflexão sobre nossos hábitos e sentimentos e ensina que a paciência é uma das formas mais eficientes para eliminar os estados de tensão e irritação.

O poder da gratidão

Costumamos ficar presos àquilo que nos falta e deixamos de aproveitar o que já conquistamos. Porém, ser grato não significa dizer "obrigado" quando ganhamos algo, mas sentir uma alegria genuína por existir. Ao mudar de perspectiva, começamos a perceber as maravilhas que temos à nossa volta. Nesse livro, M.J. Ryan ensina a resgatar o sentimento de gratidão para vivermos mais centrados no presente, diminuir nossa ânsia pelo consumo, criar relações sinceras e dar valor às coisas que realmente importam.

O poder da autoconfiança

Ficamos inseguros e ansiosos quando buscamos a perfeição para corresponder às expectativas alheias. Perdemos de vista nossa essência, aquilo que nos faz uma pessoa única. Falta-nos AUTOCONFIANÇA. A contribuição preciosa desse livro é oferecer formas de reencontrar nossa sabedoria e maneiras de conquistar a confiança em nós mesmos, pois ao sermos mais gentis e tolerantes conosco podemos ser mais gentis e tolerantes em nossos relacionamentos.

CONHEÇA OS 30 CLÁSSICOS DA EDITORA SEXTANTE

1.000 lugares para conhecer antes de morrer, de Patricia Schultz

1001 discos para ouvir antes de morrer, de Robert Dimery

1001 filmes para ver antes de morrer, de Steven Jay Schneider

A cabana, de William P. Young

A última grande lição e *As cinco pessoas que você encontra no céu*, de Mitch Albom

A vida é bela, de Dominique Glocheux

Conversando com os espíritos, de James Van Praagh

Enquanto o amor não vem, de Iyanla Vanzant

Faça o que tem de ser feito, de Bob Nelson

Jesus, o maior psicólogo que já existiu, de Mark W. Baker

Mantenha o seu cérebro vivo, de Laurence Katz e Manning Rubin

Muitas vidas, muitos mestres, de Brian Weiss

Não leve a vida tão a sério, de Hugh Prather

O Código Da Vinci e *Anjos e Demônios*, de Dan Brown

O monge e o executivo e *Como se tornar um líder servidor*, de James C. Hunter

O ócio criativo, de Domenico De Masi

O poder da paciência, de M. J. Ryan

O Poder do Agora, de Eckhart Tolle

O que toda mulher inteligente deve saber, de Steven Carter e Julia Sokol

Os segredos da mente milionária, de Harv T. Ecker

Palavras de sabedoria, de Sua Santidade, o Dalai-Lama

Por que os homens fazem sexo e as mulheres fazem amor?, de Allan e Barbara Pease

Transformando suor em ouro, de Bernardinho

Você é insubstituível, *Dez leis para ser feliz*, *Nunca desista de seus sonhos* e *Pais brilhantes, professores fascinantes*, de Augusto Cury

INFORMAÇÕES SOBRE OS PRÓXIMOS LANÇAMENTOS

Para receber informações sobre os lançamentos da EDITORA SEXTANTE, basta cadastrar-se diretamente no site www.sextante.com.br

Para saber mais sobre nossos títulos e autores, e enviar seus comentários sobre este livro, visite o nosso site www.sextante.com.br ou mande um e-mail para atendimento@esextante.com.br

EDITORA SEXTANTE
Rua Voluntários da Pátria, 45 / 1.404 – Botafogo
Rio de Janeiro – RJ – 22270-000 – Brasil
Telefone: (21) 2538-4100 – Fax: (21) 2286-9244
E-mail: atendimento@esextante.com.br